Klaus G. Förg

Schloss Linderhof

Klaus G. Förg

Schloss Linderhof

Texte von Michael Rüffer

rosenheimer

Inhalt

Contents

Der Venustempel im Schlosspark Linderhof
The Temple of Venus in the Linderhof Palace Gardens
Le temple de Vénus dans le parc de Linderhof
Il tempio di Venere nel parco del castello di Linderhof
リンダーホーフの庭園にあるヴィーナスの神殿

Ludwig II., der bayerische »Märchenkönig«

Der Vorhang öffnet sich. Die Schauspieler auf der Bühne des Münchener Hof- und Nationaltheaters deklamieren ein Stück über Ludwig XIV., den französischen »Sonnenkönig«. Im Publikum sitzt ein einziger Zuschauer: König Ludwig II. von Bayern. Der Monarch lauscht einer seiner geliebten »Separatvorstellungen«. Über zweihundert Mal lässt Ludwig II. im Zeitraum von 1872 bis 1885 Schauspiel-, Opern- und Ballettvorführungen anberaumen – meist nur für sich allein, manchmal auch für wenige hinzugebetene Gäste. Theater ist seine Leidenschaft, aber Publikum empfindet er als störend. Die französischen Könige mit Namen Ludwig gehören zu den Lieblingsthemen des bayerischen Monarchen – kein Wunder: sein Geburtstag, der 25. August 1845, fiel auf den Tag des heiligen Königs Ludwig IX. von Frankreich. In ihm und den späteren Thronfolgern aus dem Hause Bourbon sieht er zeitlebens nicht nur Vorbilder, sondern auch Vorfahren im ›Taufstammbaum‹: Immerhin war Ludwig XVI. von Frankreich Taufpate seines Großvaters, König Ludwigs I. von Bayern. Und der wiederum hatte nicht nur am selben Tag Geburtstag wie sein Enkel, sondern wurde auch dessen Taufpate. Zwar wird Ludwig II. zunächst auf die Namen *Otto* Ludwig Friedrich Wilhelm getauft, doch Ludwig I. setzt eine nachträgliche Änderung des Rufnamens durch: »Sey mir willkommen, mein Enkel, dessen Name der meine; Tag und Stund der Geburt, sie hast mit mir du gemein« schreibt der Großvater euphorisch ein paar Tage nach der Geburt des Erbprinzen in einem Gedicht. Es endet mit den Zeilen: »Aber es herrscht nur der, welcher sich selbst beherrscht. Dessen sey immer gedenk. Sey beglückend beglückt. Es umfange wie der Aether die Welt so deine Liebe dein Volk.« Gute Wünsche für den zukünftigen König – doch es kommt ganz anders.

Am 10. März 1864 besteigt Ludwig II. den bayerischen Königsthron – er ist gerade einmal 18 Jahre alt. Sein Vater, König Maximilian II., ist unerwartet früh gestorben. Dieser hatte die Krone erst 1848 von seinem Vater Ludwig I., der abgedankt hatte, übernommen und unter dem Druck der Revolution politische Zugeständnisse gemacht – das bayerische Königtum »von Gottes Gnaden« wurde dadurch weiter geschwächt. Schwierige Bedingungen für Ludwig II., der sich noch durch ein Universitätsstudium auf das zukünftige Amt vorbereiten wollte. Das Volk hat er auf seiner Seite, nicht zuletzt wegen seiner einnehmenden Erscheinung: »Zunächst gewann der neue Fürst die Menge durch seine Schönheit (...) Von den großen dunklen Augen und ihrem schwärmerischen Ausdruck waren zumal die Frauen bezaubert«, schreibt der Dichter Karl von Heigel. Der junge König ist sichtlich bemüht, seine Stellung mit majestätischer Würde auszufüllen. An sich von scheuer, einzelgängerischer Natur, liebt er Gelegenheiten, bei denen sein Königtum feierlich und prunkvoll in Szene gesetzt werden kann – wie etwa beim Jahresfest des Hausritterordens vom Heiligen Georg, dessen Großmeister er ist. Begeistert schreibt er 1867 nach einer solchen Veranstaltung in sein Tagebuch: »Flor und Aufnahme dem Orden! – Stücke aus alten Weisen wurden gespielt, schöner Zauber, der nicht für immer vergehen darf, glückliches Traumbild, das nicht zerrinnen sollte, o herrliche, heilige Zeit des wahren, echten Rittertums, gepriesenes gotterfülltes Mittelalter.« Der schwärmerische junge Herrscher ist voller Ideale – in der Realität läuft aber wenig so, wie er es sich erträumt.

Kaum auf dem Thron, nimmt Ludwig II. Kontakt zu Richard Wagner auf. Spätestens seit dem Besuch einer ›Lohengrin‹-Aufführung im Jahre 1861 ist er ein glühender Verehrer des politisch verfolgten Komponisten. Als König verfügt er endlich über die Mittel, Wagner großzügig zu fördern. Doch seine innige Freundschaft mit dem Tondichter ist der Öffentlichkeit bald ein Dorn im Auge: Wagner muss München 1865 verlassen. »Lange halte ich es nicht aus, von ihm getrennt zu leben (...) ich leide fürchterlich«, schildert Ludwig seine Verzweiflung in einem Brief an Wagners Geliebte Cosima von Bülow.

1866 verliert Bayern an der Seite Österreichs den Krieg gegen Preußen. Eine pikante Angelegenheit, da die Mutter von Ludwig II., Königin Marie, eine geborene Prinzessin von Preußen ist. Zwar schreibt Bayerns Monarch 1871 den berühmten »Kaiserbrief«, in dem der preußische König um die Annahme der deutschen Kaiserkrone gebeten wird. Doch das Schriftstück ist bereits von Bismarck vorformuliert, und Ludwig sieht mit der Eingliederung Bayerns in das neue Kaiserreich seine politischen Ideen davonschwimmen. »Ach, es ist wirklich kein Wunder, dass seit dem vorigen Jahr (...) mir das Regieren und die Leute verhasst wurden, und doch ist die königliche Stellung und das Herrscheramt das Schönste, Erhabenste auf Erden. Wehe mir, dass ich in eine solche Zeit hineingeschneit wurde, in der mir alles vergällt wird«, klagt er 1871 nach dem Ende des Deutsch-Französischen Krieges seinem jüngeren Bruder Otto in einem Brief. Prinz Otto, fröhlicher und unbeschwerter als Ludwig, vertritt den König immer wieder bei repräsentativen Anlässen – so auch bei der Kaiserproklamation im Spiegelsaal des Versailler Schlosses. Zu diesem Zeitpunkt sind jedoch bei Otto schon erste Anzeichen jener Geisteskrankheit erkennbar, die im Jahre 1875 voll zum Ausbruch kommt – ein weiterer, schwerer Schlag für Ludwig II.

Enttäuscht und verbittert zieht sich der König immer weiter von der Öffentlichkeit zurück, um sich ganz seinen Idealen hinzugeben. Im »so namenlos ungern bewohnten München«, wo er sich zunächst noch oben auf der Residenz, direkt neben seiner neu ausgestatteten Wohnung, einen gigantischen Wintergarten mit künstlichem See hatte bauen lassen, hält er sich immer seltener auf – nur die Separatvorstellungen lassen ihn hier die bedrohliche Alltagswelt vergessen. Die ersehnte Ruhe und Abgeschiedenheit findet er in den Bergen. »Die Melancholie, die in der mir verhassten Stadt, inmitten des jetzt so unerquicklichen politischen Getriebes mich stets erfasst, hat einer gehobeneren, freudigeren Stimmung Platz gemacht, veranlasst (…) durch den Aufenthalt in meinen geliebten Bergen, entrückt der Welt (…)«, schreibt Ludwig II. schon 1871 an Richard Wagner. In der »erhabenen Bergeinsamkeit« entstehen märchenhafte Schlösser, auf das Prächtigste und Komfortabelste ausgestattet. »Oh, es ist notwendig, sich solche Paradiese zu schaffen, solche poetischen Zufluchtsorte, wo man auf einige Zeit die schauderhafte Zeit, in der wir leben, vergessen kann«, äußert sich der König in einem Brief an Sybilla von Leonrod, seine ehemalige Erzieherin. Ludwig reicht es nicht, als Zuschauer in die Illusion des Theaters einzutauchen – seine Bauten werden für den fantasievollen Monarchen zur Bühne seines Lebens.

Im Jahre 1868 hat Ludwig II. bereits das erste Großprojekt in Angriff genommen: Unweit des romantischen väterlichen Schlosses Hohenschwangau, in dem er als Kronprinz glückliche Jugendtage verbracht hatte, entsteht die »Neue Burg Hohenschwangau«, erst nach seinem Tod als »Schloss Neuschwanstein« bekannt. Der ungeheuer aufwändige Bau »im echten Styl der alten deutschen Ritterburgen« wird nie vollendet werden – Ludwigs finanzielle Mittel sind deutlich geringer als sein nie versiegender Ideenreichtum. Anders hingegen Linderhof im Graswangtal. Hier entsteht ab 1869 Schritt für Schritt ein Gesamtkunstwerk aus Schloss, Park und in die Landschaft eingestreuten, kleinen Architekturen – ein Gemisch aus Renaissance, Barock und Rokoko, orientalischer Exotik und Wagnerscher Bühnenbildromantik. Auch wenn er hier noch vieles plant: Linderhof wird das einzige Schloss, das der König je fertig stellt und längere Zeit bewohnt. Was man von Schloss Herrenchiemsee wiederum nicht behaupten kann: Mit diesem Nachbau des Versailler Schlosses – einer Hommage an den vergötterten Sonnenkönig Ludwig XIV. – übernimmt sich Ludwig derart, dass die 1878 begonnenen Bauarbeiten bereits 1885 eingestellt werden müssen. Bewohnt hat der König das Schloss nur etwa eine Woche.

Das Finale im Jahr 1886: Der Schuldenberg Ludwigs II. beläuft sich bereits auf 14 Millionen Mark, das Dreifache seines Jahreseinkommens. Mehr Geld ist einfach nicht aufzutreiben – der Staat verweigert ihm zusätzliche Mittel, keine Bank der Welt gibt ihm noch Kredit. Der König ist schockiert: »Seit der beklagenswerte Zustand in der Kabinettskasse herbeigeführt wurde und die Stockung bei meinen Bauten, an welchen mir so unendlich viel gelegen ist, eingetreten ist, ist mir die Hauptlebensfreude genommen, alles andere ist gegen diese verschwindend.« Ludwigs Mutter, Königin Marie, hofft auf Besserung der Lage, »wenn einige Zeit das Bauen unterbliebe.« Aber der König bleibt beharrlich – weitere gewaltige Projekte sind bereits zur Planungsreife gelangt: eine byzantinische Schlossanlage, ein chinesischer Sommerpalast, Schloss Falkenstein … Längst schon sind die königliche Familie und die Minister alarmiert. Gutachten werden eingeholt, geheime Beratungen abgehalten. Und so nimmt das Unglück schließlich seinen Lauf: Am 9. Juni 1886 wird König Ludwig II. von Bayern für geisteskrank erklärt und entmündigt. Er erfährt davon in Schloss Neuschwanstein. Der bevorstehenden Internierung widersetzt er sich zunächst – eilig lässt er per Telegramm den preußischen Reichskanzler Otto Fürst von Bismarck um Rat fragen. Der rät zur Flucht nach vorne: Ludwig soll sich in München seinem Volk zeigen und so die Zweifel an seiner Regierungsfähigkeit zerstreuen. Doch dazu sieht sich Ludwig ebenso wenig in der Lage wie zur Flucht aus Bayern. Stattdessen ergibt sich der seelisch und körperlich zerrüttete König in sein Schicksal: Im Schlafzimmer von Neuschwanstein wird Ludwig am 12. Juni von einer Kommission förmlich über die Gründe für seine Entmündigung informiert und anschließend nach Schloss Berg am Starnberger See gebracht. Nur einen Tag später, am 13. Juni 1886, fällt endgültig der Vorhang für den »Märchenkönig«: Im Alter von nur 40 Jahren stirbt Ludwig II. unter rätselhaften Umständen im Starnberger See.

Ironie des Schicksals: Otto, der geisteskranke Bruder Ludwigs, übernimmt als König Otto I. von Bayern die Krone – interniert in Schloss Fürstenried; an seiner Stelle regiert Luitpold, ein Onkel der beiden Brüder, als »Prinzregent«. Und: Die Schlösser Ludwigs II. werden schon wenige Wochen nach seinem Tod für das Publikum geöffnet. Nichts Schlimmeres konnte sich Ludwig II. zu Lebzeiten vorstellen – seine Bauten waren ihm heilige Orte, die er nicht durch Fremde entweiht wissen wollte.

Ob er die Begeisterung vorhersah, die seine Schlösser bei Besuchern aus aller Welt hervorrufen würden? Fast schon prophetisch wirken die Worte, die Ludwig II. im Jahre 1865 an Richard Wagner richtete: »Und wenn wir Beide längst nicht mehr sind, wird doch unser Werk noch der spätern Nachwelt als leuchtendes Vorbild dienen, das die Jahrhunderte entzücken soll, und in Begeisterung werden die Herzen erglühen für die Kunst, die gottentstammte, die ewig lebende!«

Ludwig II, the Bavarian Fairy-Tale King

Ludwig II ascended the Bavarian throne on March 10, 1864. He had just turned 18 and he tried hard to fulfil his duties with majestic dignity. Shy by nature and a loner, he sought opportunities to stage his kingship in a magnificent manner. He loved theatre and was an enthusiastic fan of Richard Wagner, whom he supported generously. On the political front he was rather unlucky: in 1866, side by side with Austria, Bavaria lost the war against Prussia and was swallowed up into the new empire in 1871.

The embittered King retired from public view in order to give himself up entirely to his ideals. The highly imaginative monarch built himself costly, fairytale castles, which became the theatre of his life. Linderhof began to emerge in Graswangtal in 1869, a synthesis of palace, park and small pieces of architecture scattered over the landscape, a mixture of Renaissance, Baroque and Rococo, oriental exoticism and romantic Wagnerian stage design. It turned out to be the only palace or castle that Ludwig ever completed and lived in for any length of time. However, in 1886 the money ran out and the state refused him all further funds.

Ludwig II, il «re delle fiabe» bavarese

Il 10 marzo 1864 Ludwig II sale al trono bavarese; ha appena 18 anni e si impegna a ricoprire la sua carica con maestosa dignità. È di natura timida e solitaria. Ama il teatro ed è un ardente ammiratore di Richard Wagner, il quale generosamente sostiene. Politicamente ha poca fortuna. Nel 1866 la Baviera accanto all'Austria perde la guerra contro la Prussia e nel 1871 viene integrata nel nuovo impero. Amareggiato il re si ritira dalla vita pubblica per dedicarsi ai suoi ideali. Egli costruisce fiabeschi castelli, i quali diventano il palcoscenico della sua vita. Nella valle di Graswang a partire dal 1869 prende forma Linderhof, un'opera d'arte costituita dal castello, dal parco e piccole architetture – un miscuglio di rinascimento, barocco e rococò, esotismo orientale e scenario romantico wagneriano. Questo sarà l'unico castello che il re porta a termine ed abiterà più a lungo. Nel 1886 le risorse finanziarie si esauriscono, lo Stato nega ulteriori fondi, nessuna banca dà più credito. Il 9 giugno Ludwig II viene dichiarato malato di mente, interdetto ed il 12 giugno portato al castello di Berg. Il 13 giugno 1886, il »re delle fiabe« muore all'età di soli 40 anni in circostanze misteriose nel lago di Starnberg.

Louis II, « roi des fées » bavarois

C'est le 10 mars 1864 que Louis II en Bavière monte sur le trône. Il n'a que 18 ans et se donne beaucoup de peine pour assumer sa fonction avec la dignité majestueuse nécessaire. En raison de sa personnalité timide et solitaire, il recherche les occasions, par lesquelles il peut mettre en évidence son royaume. Il aime le théâtre, il adore Richard Wagner qu'il soutient généreusement. En politique il n'a pas beaucoup de succès. En 1866, en s'alliant avec l'Autriche les bavarois perdent la guerre contre les prussiens, c'est pourquoi la Bavière fut raccordée au nouvel empire allemand. Aigri, le roi se retire de la vie publique, pour se consacrer entièrement à ses idéaux. Il fit édifier des châteaux coûteux, qui deviendront la scène vitale du monarque. Dans la vallée du « Graswangtal » il fait construire à partir de 1869 le château Linderhof, un ensemble réunissant le château, le parc et quelques petites constructions éparpillées dans le paysage – le tout mélangeant les styles de la renaissance, du baroque et de la rocaille, incorporant l'exotisme oriental et le romantisme théâtral de Wagner. Ce sera le seul château que le roi fit achever et qu'il habita pendant un certain temps. Mais en 1886 les finances s'épuisent. Le 9 juin on déclare le roi comme faible d'esprit, il fut mis sous tutelle et le 12 juin on l'emmène au château de Berg. Le jour d'après, le 13 juin 1886 le roi féerique meurt dans des circonstances mystérieuses au lac du Starnberger See. Il n'a que 40 ans.

ルードヴィッヒ２世 バイエルンの「メルヘン王」

1864 年 **3** 月 **10** 日、ルードヴィッヒ **2** 世がバイエルンの王座に即きます。内気で非社交的だった **18** 歳の王は、王位を華麗に演出できる機をうかがっていました。というのも彼は演劇を愛し、リヒャルト・ヴァーグナーの気前のいいパトロンだったからです。しかし政治的には不運な王でした。**1866** 年にバイエルンは、プロイセンとの戦争でオーストリア側の土地を失い、**1871** 年にはプロイセン帝国に併合されます。

俗世から頑なに身を隠し、理想に身を捧げたルードヴィッヒは、高価なおとぎの城を次々に建設させました。**1869** 年からグラースヴァンク谷に、リンダーホーフ城が造られます。この城は、城館と公園、それに風景の中に散らばる小さな建築物からなる総合芸術であり、ルネッサンス、バロック、ロココ、東洋風、ロマンチックなヴァーグナーの舞台風といった様々なスタイルが混交しています。ここは国王が完成させ、比較的長く住んだ唯一の城でもありました。しかし **1886** 年に資金は尽き、国は更なる援助を拒絶、銀行からの融資も途絶えます。**6** 月 **9** 日に精神病と診断された王は、**12** 日禁治産宣告を言い渡された後、ベルク城に移されます。そして翌 **13** 日、シュタルンベルク湖で謎の死を遂げるのです。

Barock und Rokoko: Gartenskulptur vor Schloss Linderhof
Baroque and rococo outdoor sculpture in front of Linderhof Palace
Baroque et Rocaille: sculpture de jardin devant le château
Barocco e rococò: scultura nel giardino davanti al castello di Linderhof
バロックとロココの様式：リンダーホーフ城前の庭園の彫像

Schloss Linderhof

Ein landwirtschaftliches Anwesen, ein königliches Jagdhaus und eine Kapelle: Das ist Linderhof im Jahr 1868. Von Schloss und Park noch keine Spur. Doch Ludwig II. hat schon große Pläne für diese ländliche Bergidylle, die er von früheren Aufenthalten mit seinem Vater, König Maximilian II., kennt: Ausgerechnet hier im Graswangtal soll ein zweites Versailles entstehen, eine Nachschöpfung der gigantischen Schloss- und Parkanlagen des französischen »Sonnenkönigs« Ludwig XIV. »Meicost Ettal« nennt Ludwig II. sein ehrgeiziges Bauprojekt in der Nähe des Klosters Ettal. Bringt man die Buchstaben dieses Namens in die richtige Reihenfolge, erkennt man den berühmten Ausspruch Ludwigs XIV.: »L'État c'est moi«, »der Staat bin ich«. Während der Sonnenkönig seinen uneingeschränkten Herrschaftsanspruch politisch umsetzen konnte, bleibt die absolute Macht für Ludwig II. ein unerreichbarer Traum. Und auch sein Plan, Versailles in den Bergen Bayerns nachzubauen, scheitert zunächst: Selbst eine verkleinerte Version, vom Gartenarchitekten Carl von Effner entworfen, ist in dem engen Tal beim besten Willen nicht zu realisieren. Erst mit dem Kauf der Insel Herrenwörth im Chiemsee im Jahre 1873 wird Ludwig den Versailles-Nachbau in Angriff nehmen können: Ab 1878 entsteht hier Schloss Herrenchiemsee.

In Linderhof setzt Ludwig II. indessen eine reichlich komplizierte Baugeschichte in Gang. 1869 hat er bereits die Jagdhütte seines Vaters ausbauen lassen. Ein Jahr später wird dieses »Königshäuschen« im Osten um einen Anbau erweitert – der ist von außen so ländlich-rustikal wie das Haupthaus, innen dagegen herrscht üppigstes französisches Rokoko. Bald darauf folgt schon die nächste Vergrößerung: Der bestehende Anbau wird um einen spiegelbildlichen Trakt im Westen sowie einen verbindenden Mittelbau ergänzt, in dem sich das Schlafzimmer befindet. Noch immer ist das Schloss überwiegend aus Holz. Doch 1872 erhält der verantwortliche Architekt Georg Dollmann den Befehl, eine Außenfassade »im Rococostyl« zu entwerfen. Im folgenden Jahr werden die bisherigen Neubauteile mit Stein ummantelt und mit einem neuen Dach versehen. Und 1874 wird schließlich das alte Königshäuschen fast 200 Meter weit nach Westen versetzt. An seiner Stelle wird ein neuer Südtrakt errichtet, der mit seiner repräsentativen Eingangsfassade das Schloss vervollständigt. Bis Schloss und Gartenanlagen weitestgehend fertig gestellt sind, vergehen noch einmal zwei weitere Jahre. Wieder einmal zeigt sich, dass Ludwig bei der Umsetzung seiner detaillierten, aber häufig wechselnden Wünsche streng und unerbittlich ist: Wer von den beteiligten Architekten, Künstlern und Handwerkern nicht den Geschmack des Königs getroffen, seine Vorgaben nicht exakt genug umgesetzt oder einen der meist zu knapp angesetzten Termine überschritten hat, bekommt seinen Unmut deutlich zu spüren. Aber die Anstrengungen führen schließlich zum gewünschten Ziel: Wo noch im Jahr 1868 ein bescheidenes Jagdhaus stand, findet man zehn Jahre später ein mittlerweile vollendetes, prunkvolles Landschloss im französischen Stil vor: die »Königliche Villa am Linderhofe«.

Deren Inneres ist eine einzige Hymne auf die glanzvolle Zeit der Bourbonenkönige, inszeniert von Künstlern wie Franz Seitz – Maler, Kostümbildner und technischer Direktor des königlichen Hoftheaters – und dem Bühnenmaler Christian Jank. Kein Raum, in dem nicht Ludwig XIV. oder Ludwig XV. in Gemälden und anderen Bildwerken persönlich auftreten oder symbolisch präsent sind. Ludwig schätzt die geistvolle Symbolik – so haben die Lage der Räume, die Bildwerke und Dekorationsdetails, ja sogar die verwendeten Farben und Materialien ihren tieferen Sinn. In diesem berauschenden Rokoko-Traum hat man sich den einsamen bayerischen Monarchen vorzustellen, der es liebt, sich in authentische Hofkostüme der französischen Könige zu kleiden. Dann ist Ludwig eins mit seiner Umgebung, mit seinen königlichen Namensvettern und den anderen berühmten Gestalten des französischen Hofes, deren Portraits in den vier kleinen Kabinetten des Schlosses hängen. »Möge Gott mich heiligen und das Andenken des Großen Königs Ludwig XIV.«, schreibt Ludwig II. beschwörend auf Französisch in sein Tagebuch. Im Unterschied zum Sonnenkönig ist er ein »Nachtkönig« – er steht erst am späten Nachmittag auf und geht im Morgengrauen zu Bett, »fern von dem ›Tage‹, dem verhassten Feind, fern von der Tages-Sonne sengendem Schein!« Legendär sind seine nächtlichen Ausfahrten in prunkvollen, mehrspännigen Galafahrzeugen, die im Stil passend zu Schloss Linderhof gearbeitet sind. Ein besonders beliebter Puttenschlitten besitzt sogar eine elektrische Beleuchtung. So kann sich der König von seinen kostümierten Hofbediensteten stundenlang durch die verschneite Bergwelt um Neuschwanstein und Linderhof fahren lassen.

Vom 19. Mai bis zum 2. Juni 1886, kurz vor seinem Tod, ist der König noch ein letztes Mal in Linderhof. Seit 1885 wird hier sein Schlafzimmer aufwändig vergrößert und neu ausgestattet. Die Fertigstellung dieser Arbeiten erlebt Ludwig II. jedoch nicht mehr.

Linderhof Palace

In 1868 Linderhof was an agricultural estate, with a royal hunting lodge and a chapel, yet Ludwig had great plans for it – a second Versailles should be created by copying the French palace and grounds. It soon became clear that this was impossible to realise in the narrow valley (the project was taken up later at Herrenchiemsee). However, building went on for years at the Linderhof: the "small royal house" which had belonged to Ludwig's father, Maximilian II was enlarged several times from 1869 on, by the architect Georg Dollmann. First the interior and later the facade were rebuilt in the baroque and rococo style. In 1874 the house was moved nearly 200 metres to the west and in its place a new south wing was erected with a grand entrance to complete the building. Ten years later the modest hunting lodge of 1868 was turned into a splendid French-style stately home with extensive gardens. The intoxicating, dreamy rococo interior is a hymn in praise of the glittering époque of the Bourbon kings Louis XIV and Louis XV, designed by artists such as Franz Seitz and Christian Jank. Ludwig II went in for intellectual symbolism and so the position of the rooms, the pictures and decorations, even the colours and materials, all had their profound meaning.

Le Château de Linderhof

Une propriété rurale, une chasse royale et une chapelle : c'est ainsi que se présentait l'ensemble de Linderhof en 1868. Mais Louis II voit grand : il a la vision d'édifier un second Versailles, une reconstruction des châteaux et des parcs selon le modèle français. Mais très vite se révèle l'impossibilité de créer quelque chose de semblable dans cette vallée étroite (plus tard on entamera ce projet sur l'île de Herrenchiemsee). Néanmoins on construit pendant longtemps à Linderhof : Le « châtelet royal » du père de Louis, Maximilien II, se voit grandir en plusieurs étapes sous la conduite de l'architecte Georg Dollmann. Il conçoit d'abord l'intérieur et en suite les façades en style baroque et rocaille. En 1874 on le change de place – en repoussant toute la construction de 200 m vers l'ouest pour compléter la façade d'entrée avec une nouvelle aile du sud plus représentative. Le petit château de chasse de jadis se voit transformé pendant une dizaine d'années pour devenir un château fastueux en style français avec des parcs et jardins étendus.

La décoration intérieure montre la passion pour la rocaille, qui n'est qu'un seul hymne à l'époque glorieuse des rois bourbons Louis XIV et Louis XV. Louis II estime fort la symbolique spirituelle – ceci se montre dans la disposition des espaces, des œuvres d'art et dans les détails de décoration, même le choix des couleurs et des matériaux a un sens profond.

Il castello di Linderhof

Una tenuta agricola, una casa di caccia reale ed una cappella: questo è Linderhof nel 1868. Tuttavia Ludwig II ha grandi progetti: qui deve sorgere una seconda Versailles, una nuova creazione di quel castello e di quel parco. Presto però appare evidente che ció non è realizzabile in questa valle angusta (più tardi questo progetto viene intrapreso all'Herrenchiemsee). Tuttavia anche su Linderhof si costruisce per anni: la «casina reale» del padre di Ludwig, Maximilian II dal 1869 in poi viene più volte ampliata; dapprima viene realizzato il suo interno, più tardi anche la facciata in stile barocco e rococò. Nel 1874 infine viene spostata quasi 200 metri verso ovest e al suo posto viene eretta una nuova ala sud, la quale con il suo ingresso di rappresentanza completa l'edificio. Dove era situata nel 1868 una modesta casa di caccia si trova dieci anni dopo uno sfarzoso castello di campagna in stile francese con un ampio parco.

L'inebriante sogno-rococò nell'interno è l'incomparabile inno allo splendido periodo dei re borboni Ludwig XIV e Ludwig XV. Ludwig II ne stima il valore simbolico – così la posizione delle stanze, i quadri, i dettagli delle decorazioni, i colori ed i materiali impiegati hanno un loro profondo significato.

リンダーホーフ城

農家、王の狩猟小屋、礼拝堂ーこれが 1868 年頃のリンダーホーフでした。ルードヴィッヒ 2 世は当初、ここに第二のベルサイユ宮殿を建造しようと目論見ますが、狭い谷間では不可能であることが間もなく分かります。小規模にはなったものの、城の完成には何年もの年月を要しました。かつて父マクシミリアン 2 世の「王の小屋」だったこの建物は、1869 年以来建築家ゲオルク・ドルマンの指揮の下、増築が繰り返され、最初は内部、後にはファサードがバロックとロココ様式で飾られます。1874 年には解体されて 200 メートルほど西に移され、そこに新しい南の側翼が造られました。この側翼の立派な正面部分を以って、この建造物は完成を見ることになります。1868 年にはまだ質素な狩猟小屋だったものが、10 年後に広い庭園を備えたフランス風の華麗な城に生まれ変わったのです。夢見るようなロココ様式の内装は、ブルボン家の王ルイ 14 世とルイ 15 世の栄光の時代への賛歌であり、フランツ・ザイツやクリスティアン・ヤンクといった芸術家によるものです。ルードヴィッヒ 2 世は象徴表現を重んじていましたので、部屋の位置、絵、装飾の細部、さらに色や素材に至るまで、様々な意味が込められているのです。

← *Poetischer Zufluchtsort Ludwigs II.: die Venusgrotte*
The Venus Grotto, poetic place of refuge for Ludwig II
Lieu de refuge poétique de Louis II : la grotte de Vénus
Rifugio poetico di Ludwig II: la grotta di Venere
ルードヴィッヒ２世の詩的な隠れ家：ヴィーナスの洞窟

Deckenstuck mit Bourbonen-Motto im Vestibül
Hall ceiling with motto of the House of Bourbon
Plafond du vestibule en stuc avec un motif des Bourbons
Stucco del soffitto con il motto-borbone nel vestibolo
玄関に掲げられたブルボン家の家訓

Vestibül und Treppenhaus

»Nec pluribus impar«, was so viel heißt wie »Auch vielen gewachsen«, war das Motto der Bourbonen. Diese Worte stehen auf einem Schriftband an der Decke des Vestibüls. Gehalten wird es von zwei Putti, die golden strahlende Sonne dahinter blickt auf die bronzene Reiterstatuette Ludwigs XIV. in der Mitte des Raumes herunter, Säulen aus rotem Marmor reihen sich an den Wänden entlang. Theatralischer und eindeutiger könnte der Auftakt zu Schloss Linderhof, dem intimen ›Bourbonen-Heiligtum‹ Ludwigs II., wohl kaum sein. Wie ein Denkmal steht die Esther-Vase aus Sèvres-Porzellan im Zentrum des anschließenden Vorraums. Die Geschichte um die schöne Esther und König Ahasverus war ein Lieblingsthema Ludwigs II. Für ihn verband sich die Gestalt des Ahasverus gleichnishaft mit dem »Sonnenkönig« Ludwig XIV.

Nur wenige Schritte hinter der Vase steigt man die Treppen zur königlichen Wohnung im Obergeschoss empor. Am Beginn des kunstvoll verschnörkelten Geländers künden gekrönte Löwen mit dem bayerischen Wappen davon, dass hier nicht ein König von Frankreich, sondern der Herrscher Bayerns zu Hause war.

Vestibule and Staircase

"Nec pluribus impar" ("Few are superior") was the motto of the House of Bourbon. These words are written on the ceiling of the vestibule and the prelude to Linderhof Palace – Ludwig's intimate Bourbon shrine – could not be much clearer. The Esther vase of Sèvres china stands like a monument in the middle of the adjoining anteroom. The story of beautiful Esther and King Ahasverus was one of Ludwig's favourites.

A few paces behind the vase the staircase leads to the Royal Apartments on the floor above. At the beginning of the elaborately ornate banisters, crowned lions bearing the Bavarian coat of arms announce that this was home to a Bavarian monarch, not a king of France.

Le vestibule et la cage d'escalier

« Nec pluribus impar », ceci signifie « être à la hauteur (de) », tel était l'épigraphe des Bourbons. Et ce sont ces mots qui se trouvent sur un bandeau d'écriture au plafond du vestibule – en toute clarté est mis en branle l'admiration pour les Bourbons dans l'entrée du château de Linderhof, sanctuaire secret des Bourbons pour Louis II.

Le Vase d'Esther en porcelaine de Sèvres est placé de façon monumentale au centre de l'antichambre. L'histoire d'Esther et du roi Ahasverus était un sujet favori de Louis II.

Quelques pas derrière ce vase on monte l'escalier vers les appartements royaux à l'étage. Les lions couronnés du blason de Bavière se trouvant au commencement de la balustrade, annoncent que ce ne sont pas les rois de France mais bien l'empereur de Bavière qui est le maître de maison.

Vestibolo e tromba delle scale

«Nec pluribus impar», che significa «nessuno mi è superiore» era il motto dei Borboni. Tali parole si trovano su un'iscrizione sul soffitto del vestibolo – non potrebbe essere più chiaro l'inizio della visita al castello di Linderhof, l'intimo «santuario borbone» di Ludwig II.

Come un monumento il vaso di Esther di porcellana di Sèvres sta nel centro della successiva anticamera. La storia della bella Esther ed il re Ahasverus era un argomento preferito da Ludwig II. Pochi passi dietro al vaso e si sale la rampa di scale che conduce all'appartamento reale al piano superiore. Ai piedi di un artistica ringhiera ornata di svolazzi, leoni incoronati con lo stemma bavarese annunciano che qui era a casa non un re di Francia bensì il sovrano della Baviera.

玄関と階段の間

Nec pluribus impar（いかなる敵にも屈せず）－これはブルボン家の家訓でした。この言葉を記した文字盤が玄関天井に掲げられています。ルードヴィッヒ２世の私的な「ブルボンの聖地」リンダーホフ城の入り口に、これ以上ふさわしい言葉はないでしょう。

玄関に続く控えの間の中央には、記念碑のごとくセーヴル焼きの「エスターの壷」が置かれています。美女エスターとアハシュエロス王の物語は、ルードヴィッヒが愛したテーマでした。

壷のすぐ背後の階段を登ると、王の住居です。みごとな装飾模様を施された手すりの端に、バイエルン王家の紋章のついた王冠を頂いた獅子の姿があり、ここがフランス王ではなくバイエルンの王の居城であることを告げています。

Das Treppenhaus: Aufgang zu den Wohnräumen Ludwigs II.
The staircase leading to Ludwig's living quarters
La cage d'escalier : montée vers les appartements de Louis II
La tromba delle scale: accesso alle camere di Ludwig II
階段の間：ルードヴィッヒ２世の住居へ通じる階段

Esther-Vase im Vorraum zum Treppenhaus
The Esther Vase in the ante-room by the staircase
Le vase d'Esther dans l'antichambre de la cage d'escalier
Vaso di Esther nell'anticamera della tromba delle scale
階段の手前にある控えの間のエスターの壷

Westliches und Östliches Gobelinzimmer

Die Wände der beiden fast gleich gestalteten Räume zu Seiten des Spiegelsaals sind mit grober, bemalter Leinwand bespannt, die kostbare Bildteppiche vortäuscht. Die Bezüge der Sitzmöbel stammen ebenso wie die Vorhänge tatsächlich aus der berühmten Pariser Gobelin-Manufaktur. Mit dem Westlichen Gobelinzimmer, dem »Musikzimmer«, beginnt der Rundgang durch die Wohnräume des Königs. Hier steht das »Aeolodikon«, eine Art Harmonium. Eine weitere Kostbarkeit ist der lebensgroße Pfau aus Sèvres-Porzellan, das Pendant dazu steht im Östlichen Gobelinzimmer. Wenn sich der König in Linderhof aufhielt, standen die beiden Pfauen vor dem Schloss – als Zeichen seiner Anwesenheit. Während die Wandbilder im Westlichen Gobelinzimmer ländliche Rokoko-Szenen zeigen, finden sich gegenüber Motive aus der antiken Mythologie. Die Deckenbilder sind auf die jeweilige Lage zur Sonne abgestimmt: Im Westen, der Seite des Sonnenuntergangs, empfängt Apollo die Liebesgöttin Venus – diese Szene steht für den Abend; im Osten sind Apollo und Aurora, die Göttin der Morgenröte, dargestellt.

West and East Gobelin Rooms

The walls of these two almost identically decorated rooms on either side of the Halls of Mirrors are not really covered with Gobelin tapestry but with rough, painted canvas which gives the illusion of precious tapestries. However, the upholstery of the chairs as well as the curtains were in fact made by the famous Parisian Gobelin manufacturers.

The murals in the West Gobelin Room, also known as the Music Room, depict country scenes, whereas in the East Room the pictures represent ancient mythology.

Les chambres de tapisseries, orientale et occidentale

Les murs des deux espaces de part et d'autre de la galerie des glaces ne sont pas revêtus de tapisseries, mais sont tendus avec du lin peint, simulant ces tapisseries précieuses. Néanmoins les garnitures des sièges ainsi que les rideaux proviennent d'une manufacture parisienne. Les images murales de la chambre occidentale, dit « Musikzimmer », montrent des scènes champêtres. Dans la chambre orientale en face, les représentations sont extraites de la mythologie antique.

Les fresques du plafond des deux pièces sont accordés selon la position respective du soleil : à l'ouest la déesse de l'amour Vénus est accueillie par Apollon – l'art et la beauté se marient, cette scène symbolise le soir; à l'est par contre sont représentés Apollon et Aurore, la déesse de l'aube.

Stanze di Gobelin ovest ed est

Le pareti di entrambe le stanze strutturate in modo simile dal lato della sala degli specchi non sono rivestite con Gobelin ma con lino grezzo dipinto a parete, il quale simula preziosi arazzi.

Però i rivestimenti delle poltrone così come le tende realmente provengono dalla famosa manifattura parigina Gobelin.

Mentre i dipinti sulla parete nella stanza Gobelin ovest, anche chiamata «stanza della musica» mostrano scene campagnole, si trovano di fronte raffigurazioni provenienti dall'antica mitologia.

西側と東側のゴブラン織の間

鏡の広間の傍らに設けられた、同じ造りの二部屋の壁には、実はゴブラン織ではなく、贅沢なタペストリーのように見える、絵の描かれた目の粗い亜麻布が掛けられています。椅子の張り布とカーテンは、パリの有名なゴブラン工場から取り寄せたものです。「音楽室」とも呼ばれている西側のゴブラン織の間の壁の絵は、ロココ風の田園風景を描いているのに対し、東側は古代神話を扱ったものです。両部屋の天井画は、太陽の移ろいに合わせてあり、西側ではアポロが愛の神ヴィーナスを迎えています。この絵は芸術と美の結婚を表しており、同時に晩の象徴でもあります。一方東側には、アポロと暁の女神オーロラが描かれています。

Westliches Gobelinzimmer: »Verherrlichung Ludwigs XIV.«
"Glorification of Louis XIV" in the West Gobelin Room
Salle de tapisseries occidentale : « glorification de Louis XIV »
Stanza Gobelin ovest: «esaltazione di Ludwig XIV»
西側のゴブラン織の部屋：ルイ１４世賛美

Pfau aus Sèvres-Porzellan vor dem »Aeolodikon«
Sèvres china peacock in the Music Room
Paon en porcelaine de Sèvres dans la salle de musique
Pavone di porcellana di Sèvres nella stanza della musica
音楽室内のセーヴル焼きの孔雀 ➜

Westliches Gobelinzimmer
West Gobelin Room
Salle de tapisseries occidental
Stanza Gobelin ovest
東側のゴブラン織の部屋

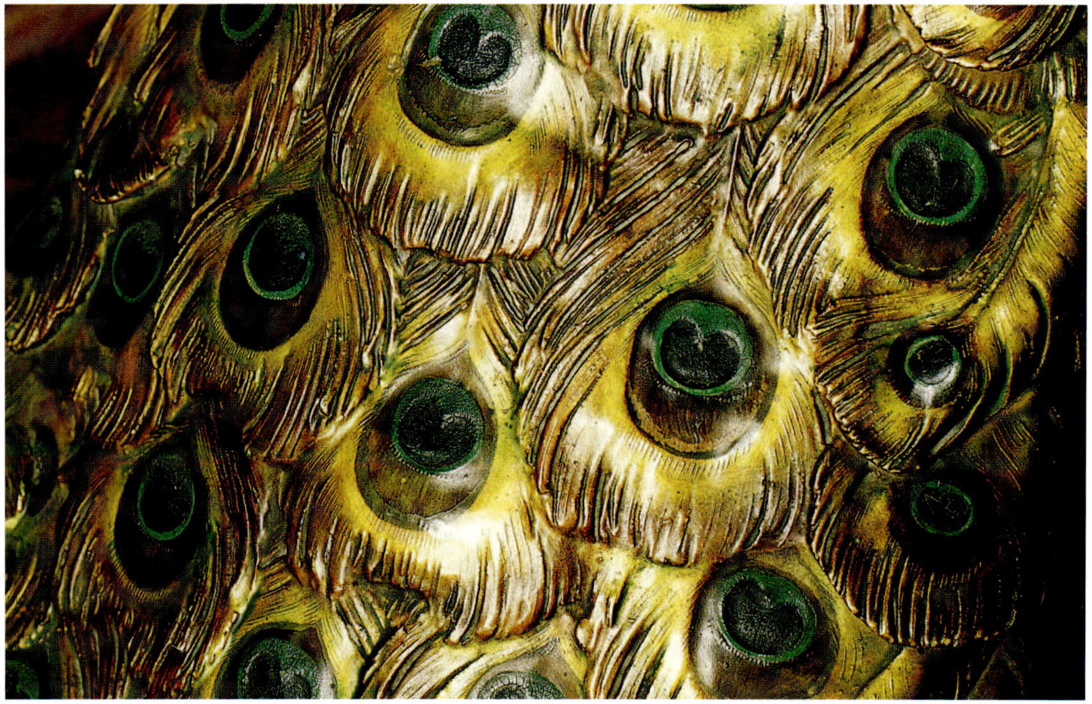

Porzellan-Pfau: Detail der Federn
Detail of the china peacock's feathers
Paon en porcelaine : détail de plumes
Pavone di porcellana: dettaglio delle piume
陶器の孔雀の羽根

Östliches Gobelinzimmer: Sofabezug mit Venusdarstellung
Upholstery depicting Venus on a settee in the East Gobelin Room
Salle de tapisseries orientale : Vénus représentée dans le revêtement du divan
Stanza Gobelin est: rivestimento del divano con la raffigurazione di Venere
東側のゴブラン織の部屋：ヴィーナスの描かれた長椅子

»Drei Grazien« aus Carrara-Marmor
"The Three Graces" of Carrara marble
« Trois grâces » en marbre de carrare
«Le tre Grazie» di marmo di Carrara
カラーラ産大理石の「三美神」

Marmor-Statuette »Venus von Medici«
Venus of Medici marble statuette
Statuette en marbre « Vénus de Médicis »
Statuetta di marmo «Venere dei Medici»
大理石の小さな彫像「メディチのヴィーナス」

Ludwig XIV. zu Pferd im Audienzzimmer
Louis XIV on horseback in the Audience Room
Louis XIV à cheval dans la salle d'audience
Ludwig XIV a cavallo nella sala delle udienze
謁見の間にある馬上のルイ１４世 ➜

Gelbes Kabinett, Audienzzimmer und Lila Kabinett

Obwohl Ludwig II. in Linderhof keinen offiziellen Besuch empfing, legte er Wert auf ein Audienzzimmer. Dem Zeremoniell entsprechend betritt man diesen Raum durch ein Vorzimmer: das Gelbe Kabinett. An den mit gelber Seide bespannten Wänden sieht man Portraits berühmter Persönlichkeiten des Versailler Hofes.
Im prunkvoll ausgestatteten ovalen Audienzzimmer begegnen wir den Bourbonenkönigen Ludwig XIV. und Ludwig XV.: Auf den zwei Kaminen stehen Reiterstatuetten der beiden Herrscher, Bilder in hufeisenförmigen Rahmen zeigen Szenen aus deren Leben. Zugleich wird in diesem Raum das bayerische Königtum verherrlicht: An verschiedenen Stellen sind das bayerische Wappen, die bayerischen Rauten sowie Ludwigs Monogramm zu finden, und über dem Thronbaldachin ist die Bavaria dargestellt. Da das Audienzzimmer auch als Arbeitszimmer diente, steht vor dem »Thron« ein Tisch mit Schreibservice.
Das anschließende Kabinett ist ganz ähnlich gestaltet wie das Gelbe Kabinett, allerdings im Grundton Lila. Es bildet den Auftakt zu Ludwigs Schlafzimmer.

Yellow Gallery, Audience Room, Purple Gallery

Entrance to the Audience Room is through the Yellow Gallery, the walls of which are adorned with portraits of famous personalities from the Court of Versailles. In the magnificently decorated oval Audience Room itself, we encounter statues of Kings Louis XIV and Louis XV on horseback. The Bavarian monarchy is equally glorified here with the Bavarian coat of arms, the Bavarian rhombus, Ludwig's monogram and a portrayal of Bavaria personified. Since the Audience Room also served as a study, there is a table in front of the throne with writing utensils. The gallery at the other end is similar but the basic colour is purple.

Cabinet jaune, salle d'audience et cabinet violet

L'accès de la salle d'audience se fait par une antichambre, le « cabinet jaune », dont les murs sont ornés de portraits de personnalités de la cour de Versailles. Dans la salle d'audience ovale on rencontre des statuettes équestres représentant les rois bourbons Louis XIV et Louis XV. Des tableaux montés dans des cadres en forme de fer à cheval montrent des scènes de la vie de ces deux souverains. Le royaume bavarois est aussi glorifié – par le blason et les losanges bavaroises ainsi que par la « Bavaria ». Cette salle servait aussi comme cabinet de travail, et devant le « trône » se trouve un bureau.
La pièce suivante est décorée de la même façon comme le cabinet jaune, la couleur de base étant le violet.

Saletta gialla, sala delle udienze e saletta lilla

Si entra nella sala delle udienze attraverso la saletta gialla, le cui pareti sono ornate di ritratti di personaggi della corte di Versailles. Nella pomposa sala ovale delle udienze, troviamo le statuine equestri dei re borboni Ludwig XIV e Ludwig XV. Allo stesso tempo qui viene celebrata la monarchia bavarese – attraverso lo stemma bavarese, i rombi bavaresi così come una raffigurazione della Bavaria. Dato che la sala delle udienze serviva anche come studio, si trova davanti al «trono» un tavolo con scrittoio. La saletta successiva è strutturata in modo del tutto simile alla saletta gialla, però nel colore di fondo lilla.

黄色の小部屋、謁見の間、藤色の小部屋

謁見の間の隣に、黄色の小部屋と呼ばれる控えの間があり、壁にはヴェルサイユ宮廷の名高い人物たちの肖像画が掛っています。長円形をした華麗な謁見の間には、ブルボン家のルイ14世とルイ15世の小さい騎馬像が置かれ、蹄鉄型の額に入った絵は、両王の人生の数々の場面を表したものです。一方、バイエルン王国を称えるために、この部屋にはバイエルンの紋章と菱形紋、ルードヴィッヒのモノグラム、それにバヴァリア像も見られます。謁見の間は書斎としても使われていたため、玉座の前には文房具も置いてあります。隣の部屋は黄色の小部屋に酷似していますが、藤色が基調です。

← *Audienzzimmer: Thron- und Arbeitszimmer des Königs*
The Audience Room: the King's Throne Room and Study
La salle d'audience : Bureau et trône du roi
Sala delle udienze: trono e studio del re
玉座の間と書斎を兼ねていた謁見の間

Detail eines Kerzenständers auf dem Arbeitstisch
Detail from a candle holder on the writing table
Candélabre sur le bureau
Dettaglio di un candeliere sul tavolo da lavoro
書き物机上の燭台の天使

Der »Thron« Ludwigs II.: Rückenlehne
The back of Ludwig II's throne
Le « trône » Louis II
Il «trono» di Ludwig II
ルードヴィッヒ２世の玉座の背もたれ

Bayerisches Wappen in kostbarer Nadelmalerei
The Bavarian coat of arms done in needle painting
Blason bavarois en ouvrage d'aiguille précieux
Stemma bavarese in preziosi ricami artistici
贅沢な刺繍画のバイエルン王家紋章 →

Gelbes Kabinett: Duc de Belle-Isle
Yellow Gallery: Duke of Belle-Isle
Cabinet jaune: Duc de Belle-Isle
Saletta gialla: Duca di Belle-Isle
黄色の小部屋

Lila Kabinett: Apollo (oben) – Kriegsgott Mars (unten)
Purple Gallery: Apollo (above) – Mars, the god of war (below)
Cabinet violet : Apollon (en haut) – dieu de la guerre Mars (en bas)
Saletta lilla: Apollo (sopra) – Marte dio della guerra (sotto)
藤色の小部屋：アポロ神（上）　ー 戦いの神マルス（下）

Auf lila Seide: Ludwig XV. in Damengesellschaft
Louis XV in the company of ladies, purple silk
Louis XV parmi des dames en soie violette
Al centro in seta lilla: Ludwig XV in compagnia di donne
藤色の絹の壁：女性に囲まれたルイ１５世

Königliches Schlafzimmer: Bettnische mit Prunkbett
The State Bed in its niche in the Royal Bedroom
Chambre à coucher royale : niche du lit de parade
Stanza da letto del re: nicchia con letto sfarzoso
王の寝室の装飾寝台 ➜

Schlafzimmer

Dieses wahrhaft königliche Schlafgemach ist das ›Herz‹ des Schlosses, mit etwa 100 Quadratmetern zugleich auch der größte Raum. Seine heutige Ausdehnung wurde erst 1885/86 erreicht, als Ludwig II. das bestehende Schlafzimmer nach Norden erweitern und neu ausstatten ließ. Die Inspiration bezog er von Ludwig XIV. Dieser ließ in Versailles sein morgendliches Aufstehen und abendliches Zubettgehen, »Lever« und »Coucher«, als feierliche Handlungen im Schlafgemach zelebrieren – das dementsprechend prächtig, mit Paradebett und absperrender Balustrade, ausgestattet war. Direktes Vorbild für die Neugestaltung wurde das nach französischem Geschmack eingerichtete Paradeschlafzimmer des Kurfürsten Karl Albrecht, des späteren Kaisers Karl VII., in den »Reichen Zimmern« der Münchner Residenz – ein Meisterwerk des berühmten Rokoko-Architekten François Cuvilliés des Älteren. Es ist typisch für Ludwig II., dass das Pendant in Linderhof nicht einfach eine Kopie, sondern eine eigenständige Schöpfung werden sollte. Der König konnte dieses Projekt jedoch nicht mehr zum Abschluss bringen – er starb noch vor der Vollendung. Der Raum wurde schließlich 1887 vereinfacht fertig gestellt.

Bedroom

The royal bedchamber is at the heart of the palace and is its largest room. Its present expanse dates from after 1885 when Ludwig II had the bedroom extended to the north and newly furnished.

His inspiration came from Louis XIV whose rising in the morning and retiring in the evening were celebrated as festive acts in the bedchamber, which was correspondingly decorated in magnificent fashion. The immediate model for the renovation was the showpiece Bedroom of Elector Karl Albrecht (later Kaiser Karl VII) in the Munich Residenz Palace. The Linderhof one was to be original, not just a copy, but Ludwig II was unable to complete the project – he died before it was finished. In 1887 the room was completed in a simplified version.

Camera da letto

La camera da letto reale è il «cuore» del castello ed allo stesso tempo anche la stanza più grande. La sua attuale estensione è stata raggiunta dopo il 1885, quando Ludwig II fece ingrandire verso nord ed arredare nuovamente l'esistente camera da letto.

L'ispirazione la riceveva da Ludwig XIV. Questi, a Versailles l'alzarsi mattutino e l'andare a letto serale fece celebrare come atti solenni nella camera da letto, la quale era arredata all'uopo in modo magnifico. Il diretto modello per la ristrutturazione diventava la camera da letto di parata del principe Karl Albrecht nella Residenza di Monaco. Tuttavia questo progetto Ludwig II non potè più portarlo a termine – egli morì ancora prima della conclusione. La stanza veniva infine ultimata in modo semplificato nel 1887.

La chambre à coucher

La chambre à coucher royale, étant le « cœur » du château, est la salle la plus grande de l'ensemble. Sa dimension actuelle n'est atteinte qu'après 1885, quand Louis II laissa agrandir la chambre à coucher existante vers le nord pour l'équiper avec du nouveau mobilier.

Il s'inspira de Louis XIV. Ce dernier avait coutume de célébrer la levée matinale et le coucher du soir dans sa chambre à coucher, qui était ornée de façon appropriée. Le modèle idéal pour le réarrangement était la chambre à coucher du prince Karl Albrecht dans la résidence de Munich. Mais Louis II n'arrivait plus à achever ce projet – il meurt avant l'accomplissement. On se contentait en 1887 de finissions simples.

寝室

王の寝室は城の中心部にあり、最大の部屋です。今日の広さになったのは、ルードヴィッヒ 2 世がそれまでの寝室を北に拡張し、内装を変えさせた 1885 年のことです。その際、ルイ 14 世がヴェルサイユ宮殿で自らの朝の起床と晩の就寝を寝室での儀式とし、寝室もそれに応じて壮麗に造らせたことに着想を得ました。改装に当たって直接の手本となったのは、ミュンヘンのレジデンツにある選帝公カール・アルブレヒトの寝室でした。しかしルードヴィッヒ 2 世は完成前に亡くなったため、この計画を最後まで遂げることはできなかったのです。結局寝室は 1887 年に予定よりも簡素な形で完成しました。

← *Einhundertacht Kerzen: Glaslüster aus Wien*
Viennese glass chandelier with one hundred and eight candles
Cent et huit chandelles : lustre en verre de Vienne
Centotto candele: lampadario di vetro di Vienna
ウイーンから取り寄せたシャンデリアの108本の蝋燭

Deckengemälde mit Vergöttlichung Ludwigs XIV.
Ceiling fresco with glorification of Louis XIV
Fresque de plafond montrant l'adoration de Louis XIV
Dipinti sul soffitto con apoteosi di Ludwig XIV
ルイ１４世を神格化した天井画

»Entführung der Helena« in Carrara-Mamor
"The Abduction of Helene", Carrarra marble
« L'enlèvement de Hélène » en marbre de carrare
«Rapimento di Elena» in marmo di Carrara
カラーラ産大理石の「ヘレナの誘惑」

Künden vom Ruhm des Königs: Putti mit Trompeten
Cupid with trumpet heralding the King's glory
Angelot avec trombone annonçant la gloire du roi
Annuncia la gloria del re: Putto con trombone
王の栄光を告げ知らせるラッパを持った天使

Blaues Kabinett: Mitglieder des Versailler Hofes
Members of the Court at Versailles in the Blue Gallery
Cabinet bleu : membres de la cour de Versailles
Saletta azzurra: membri della corte di Versailles
青色の小部屋：ヴェルサイユの宮廷人 ➜

Rosa Kabinett, Speisezimmer und Blaues Kabinett

Entsprechend dem Audienzzimmer auf der gegenüberliegenden Seite des Schlosses wird auch das Speisezimmer von zwei kleinen Kabinetten gerahmt, hier in Rosa und Blau. Das Rosa Kabinett diente dem König als Ankleidezimmer. Das Speisezimmer wartet mit einer weltbekannten Vorrichtung auf, derer man sich früher schon am Versailler Hof bedient hatte: dem »Tischlein-deck-dich«. Wenn Ludwig II. hier speiste, konnte der Tisch in der Mitte des Raumes in die darunter liegende Küche abgesenkt, bestückt und wieder heraufgezogen werden. So brauchte kein Diener den in Gedanken versunkenen Monarchen zu stören. Nach Berichten des ehemaligen Küchenjungen Theodor Hierneis ließ Ludwig das Essen stets für mehrere Personen zubereiten – um in seiner Fantasie mit Ludwig XIV. und Ludwig XV. sowie deren Geliebten, Madame Maintenon und Madame Pompadour, tafeln zu können. Motive aus Gartenbau, Jagd, Fischerei und Landwirtschaft in den Schnitzereien und Stuckaturen verweisen auf die Herkunft der hier servierten Speisen.

Pink Gallery, Dining Room and Blue Gallery

Like the Audience Room, the Dining Room is framed by two galleries – in blue and in pink – the latter serving as the king's dressing room. Both rooms contain figures from the French royal court.
The Dining Room is served by a self-setting table. Whenever Ludwig dined, the table could be lowered into the kitchen, stocked up and raised again so that the king would not be disturbed by servants. Supposedly Ludwig would have the food prepared for several persons so that he could dine in his imagination with Louis XIV and Louis XV. The room's opulent carving and plaster work depict appropriate themes from horticulture, hunting, fishing and agriculture.

Le cabinet rose, la salle à manger et le cabinet bleu

Comme la salle d'audience est encadrée par deux petites pièces, la salle à manger est elle aussi accompagnée par deux cabinets annexes, ici en bleu et en rose. Ce dernier servait comme cabinet de toilette. Dans les deux pièces on retrouve les images de personnes de la cour royale française. Louis avait imaginé un système étonnant pour faire monter et descendre la table à manger dans la cuisine se trouvant là-dessous. On raconte que Louis faisait préparer les repas pour plusieurs personnes – et dans sa fantaisie il les dégustait en compagnie de Louis XIV et Louis XV. Les sculptures sur bois et les ouvrages en stuc luxueux reprennent des sujets du jardin, de la chasse, de la pêche et de l'agriculture.

Saletta rosa, sala da pranzo e saletta azzurra

La sala da pranzo viene incorniciata da due piccole sale, in rosa ed azzurro. La saletta rosa serviva al re come spogliatoio. In entrambi gli ambienti riscontriamo di nuovo personaggi della corte reale francese. La sala da pranzo offre un «tavolo apparecchiati!». Quando Ludwig II banchettava il tavolo poteva venire calato nella sottostante cucina, imbandito e di nuovo tirato su. Così non era necessario alcun servitore che avrebbe potuto disturbare il monarca. Presumibilmente Ludwig ordinava che il cibo fosse preparato per più persone – per poter pranzare nella sua fantasia con Ludwig XIV e Ludwig XV. I ricchi intagli ed i ridondanti stucchi mostrano motivi di giardinaggio, caccia, pesca ed agricoltura.

薔薇色の小部屋、食堂、青色の小部屋

食堂は薔薇色と青色の二つの小部屋に囲まれています。薔薇色の小部屋は、王の着替えに使われました。両部屋にもフランスの宮廷人が描かれています。食堂では、食卓が下の階の厨房に降ろされ、料理が載った後また上げられる仕掛けがあり、王は召し使いに思索の邪魔をされず食事をすることができたのです。ルードヴィッヒは、常に数人分の料理を用意させましたが、これは空想の中でルイ 14、15 世と共に食事をするためでした。部屋の彫り物や化粧漆喰には、造園、狩猟、漁、農業などのモチーフが豊富に散りばめられています。

← *Das Speisezimmer mit dem »Tischlein-deck-dich«*
The Dining Room with "Self-setting table"
La salle à manger avec la table « magique »
La sala da pranzo con il «tavolo apparecchiati»
「魔法のテーブル」のある食堂

Spiegelsaal: Glanzvoller Abschluss des Rundgangs
The Hall of Mirrors, a glittering finish to the tour
Galerie de glaces : Achèvement brillant de la visite
Sala degli specchi: termine splendente del giro
鏡の間：リンダーホーフ城めぐりの華やかなクライマックス

Spiegelsaal

Vom Östlichen Gobelinzimmer tritt man in den Spiegelsaal – der Rundgang durch das Schloss endet hier mit einem glanzvollen Höhepunkt. Vorbild war wiederum ein heimisches Meisterwerk des Rokoko: das Spiegelkabinett der »Reichen Zimmer« in der Münchner Residenz. Vom Intarsienfußboden bis zum Deckenbild, von der Tischplatte aus Lapislazuli, Amethystquarz und Chalzedon bis zum sechzehnarmigen Elfenbeinlüster – alles im Spiegelsaal ist verschwenderisch kunstvoll und kostbar. Man stelle sich den Raum bei Dunkelheit vor, wenn sich die Kerzen in den großformatigen Spiegeln scheinbar endlos wiederholen, dazu das gleißende Gold von Schnitzwerk und Stuck. So erlebte wohl der tagscheue Ludwig diesen Raum, der ihm mit der Ruhenische eine bequeme Gelegenheit zur Lektüre bot – eine der Lieblingsbeschäftigungen des Königs. Wieder dürfen die Bourbonen nicht fehlen: Ludwig XV. als Marmorbüste auf dem Schreibtisch und in einem Porzellangemälde auf einem der Spieltische, auf dem Pendant dazu sein Nachfolger Ludwig XVI. Und an der vergoldeten Deckenkehle, dem Übergang von der Wand zur Decke, ist das verschlungene, spiegelbildlich gedoppelte »L«-Monogramm zu finden – das ›Markenzeichen‹ Ludwigs II.

The Hall of Mirrors

A tour of the palace ends with a glittering highlight – the Hall of Mirrors. The design for this was once again derived from a native rococo masterpiece: The Gallery of Mirrors in the "Rich Rooms" of the Munich Residence palace.
Everything is extravagantly ornate and precious, from the inlaid floor to the painted ceiling, the tabletop of lapis lazuli, amethyst quartz and chalcedony to the 16-armed ivory chandelier. The House of Bourbon is present here too: a marble bust of Louis XV on the desk and a porcelain portrait on one of the card tables, and his successor Louis XVI on the other one which goes with it. On the gilded ceiling chamfer, the intricate mirror-image double "L" monogram can be seen, the trademark of Ludwig II.

Galerie des glaces

Le parcours se termine par le point culminant du château : la galerie des glaces. On reprenait à nouveau un chef d'oeuvre local de style rocaille : la galerie des glaces du « Reichen Zimmer » dans la résidence de Munich fut modèle pour cet espace-là. Tout l'ensemble est orné et décoré d'un artisanat précieux et opulent, que ce soient les planchers en marqueteries, les tables en lapis-lazuli et améthyste, ou les candélabres en ivoire.
Encore une fois les Bourbons sont mis en place : Louis XV se présente par le buste en marbre sur le bureau et figure dans un tableau de porcelaine sur une des tables de jeux, tout comme son successeur Louis XVI. Et bien évidemment apparaît le monogramme « L » de Louis II en se reflétant dans les cannelures dorées du plafond.

Sala degli specchi

Il giro attraverso il castello culmina in modo brillante nella sala degli specchi. Modello era di nuovo un locale capolavoro del rococò: la saletta degli specchi delle «stanze ricche» nella Residenza di Monaco. Dagli intarsi del pavimento fino ai dipinti sul soffitto, dal piano del tavolo di lapislazzuli, ametista, quarzo e calcedonio fino al lampadario d'avorio a sedici braccia – qui tutto è abbondantemente artistico e prezioso. Di nuovo i Borboni non possono mancare: Ludwig XV come busto di marmo sulla scrivania e in un quadro di porcellana sul tavolo da gioco sul cui pendant c'è il suo successore Ludwig XVI. E sulla scanalatura dorata del soffitto si trova l'intrecciato specularmente doppio monogramma «L» – il «marchio» di Ludwig II.

鏡の間

リンダーホーフ城めぐりの華やかなクライマックスは、鏡の間です。手本になったのはまたしてもロココ時代の傑作、ミュンヘンのレジデンツにある「豪華な間」の鏡の小部屋です。象眼細工の床から天井画まで、瑠璃、アメジスト、玉髄が散りばめられたテーブルの甲板から16の枝を持つ象牙製のシャンデリアまで、すべて巧みで豪奢です。ブルボン家はこの部屋でも忘れられていません。書き物机の大理石の胸像と遊戯用テーブルの陶器の絵にはルイ15世の姿、もう一方のテーブルには後継者ルイ16世の姿が見られます。天井の金メッキの部分には、ルードヴィッヒ2世を表す「L」の二重のモノグラム が、鏡に映し出されたように向かい合い、縺れ合っています。

Bettnische mit kostbarem Elfenbeinlüster
Bed niche with precious ivory chandelier
Niche du lit avec lustre en ivoire précieux
Nicchia del letto con prezioso lampadario d'avorio
贅沢な象牙のシャンデリア

Deckengemälde »Geburt der Venus«
Ceiling painting, "The Birth of Venus"
Fresque de plafond montrant « la naissance de Vénus »
Dipinto sul soffitto «nascita di Venere»
天井画「ヴィーナスの誕生」

Goldglanz: »Flora und Putten« vor der Terrassenanlage
"Flora and Cherubs" in front of the terraced area
Dorures : « Flore et angelots » devant l'ensemble des terrasses
Oro splendente: «flora e putti» davanti alla terrazza
黄金の輝き：テラス前の「フローラと天使」

Der Schlosspark

Der Park von Linderhof ist ein künstliches Paradies, eingebettet in die natürliche Idylle des Ammergebirges. Was sich hier in über 900 Metern Höhe auf einer Fläche von etwa 50 Hektar so bunt und abwechslungsreich ausbreitet, gilt als eine der schönsten Gartenschöpfungen des 19. Jahrhunderts. Auch Ludwig II. war mit der Anlage mehr als zufrieden: Er machte den Gartenarchitekten Carl Effner im Laufe der Bauarbeiten zum königlichen Hofgärtendirektor, um ihn schließlich sogar in den persönlichen Adelsstand zu erheben.

Das Herz des Parks sind die geometrischen Gartenanlagen im Stile von Renaissance und Barock, ausgerichtet auf die »Königliche Villa« – so konnte Ludwig II. von seinen Wohnräumen aus bequem in seine sorgfältig komponierte Gartenoase blicken. Zu Seiten des Schlosses, vor Audienz- und Speisezimmer, liegen die ältesten Gartenpartien: das Westliche und das Östliche Parterre. Hier locken farbenprächtige Zierbeete und plätschernde Brunnen, laden Wege zwischen Heckenwänden und Laubengängen zum Lustwandeln ein, fordern hölzerne Pavillons mit Büsten Ludwigs XIV. und Ludwigs XVI. zum Verweilen auf. Wesentlich monumentaler ist die Nord-Süd-Achse: Vor den Fenstern des Schlafzimmers ergießt sich Wasser aus einem Bassin vor dem Musikpavillon über eine kunstvolle Kaskade herab in den Neptunbrunnen, während auf der anderen Seite des Schlosses, im Blickfeld des Spiegelsaals, aus einem Wasserbassin eine etwa 30 Meter hohe Fontäne aufsteigt – im Hintergrund eine Terrassenanlage, die im Venustempel gipfelt.

Am Fuße der Terrassengärten steht, nahezu unberührt von aller Symmetrie, die über 300 Jahre alte »Königslinde«. Auf einem nicht erhaltenen Freisitz im Baum pflegte Ludwig II. zu speisen – so auch mit dem Schauspieler Josef Kainz, den der König 1881 zum Vortragen von Partien aus Theaterstücken für zwei Wochen nach Linderhof einlud. Wer die Stufen der Terrassen weiter emporsteigt, trifft am Aufgang zur zweiten Ebene auf die steinerne Büste einer weiblichen Gestalt. Es ist Königin Marie-Antoinette von Frankreich, die – ebenso wie ihr Gemahl Ludwigs XVI. – zur Zeit der Französischen Revolution guillotiniert wurde. Ludwig II. verehrte die Königin wie eine Heilige: »Eine Art von religiösem Kultus weihe ich dem Andenken dieser schönen, so tief unglücklichen Fürstin, welche aus allen Schicksalsschlägen geläutert hervorging und wahre Seelengröße zeigte, deren Natur so durch und durch erhaben und königlich war, auf dem ersten Thron der Christenheit gleich wie im tiefsten Elend. – Nie kann ich ihre Geschichte ohne Ergriffenheit lesen.« Im vernichtenden Gutachten über Ludwigs Geisteszustand von 1886 heißt es, dass der König vor der Büste der Marie-Antoinette stets sein Haupt entblößte und deren Wangen streichelte.

Wir setzen unseren Aufstieg fort und gelangen zum Venustempel, von dem aus man einen herrlichen Blick auf Schloss und Park genießt. Unweit des Schlosses sieht man die kleine St.-Anna-Kapelle stehen. Sie stammt aus dem Jahr 1684 und ist damit der älteste Bau im Park. Obwohl schon Pläne zur Errichtung eines zum Schloss passenden Kirchenbaus bestanden, begnügte sich Ludwig II. schließlich mit einer Neuausstattung der bestehenden Kapelle. Auch der Venustempel war letztlich nur eine Ersatzlösung: An seiner Stelle war eigentlich ein Theaterbau für die »Separatvorstellungen« geplant – knappe Mittel brachten Ludwig jedoch von diesem Vorhaben ab. Das Theater ist dennoch in Linderhof präsent: »Venusgrotte«, »Hundinghütte« und »Einsiedelei des Gurnemanz« sind nach Bühnenbildern aus Opern Richard Wagners gebaut. Wie fantastische Kulissen wirken auch der »Maurische Kiosk« und das »Marokkanische Haus«, die einen Hauch von Orient nach Linderhof bringen. Bei seinen Aufenthalten tauchte der König mal in diese, mal in jene Traumwelt ein. Gerne ließ er dann den Zauber der Szenerie durch das Tragen entsprechender Kostüme noch steigern und zum Ambiente passende Speisen servieren. Heute sind all diese Kleinarchitekturen im landschaftlichen Teil des Schlossparks angesiedelt, der nahtlos in die natürlich gewachsene Umgebung überzugehen scheint. Ursprünglich befanden sich hier allerdings nur Grotte und Kiosk, während Hundinghütte, Einsiedelei und Marokkanisches Haus etwa sechs Kilometer südwestlich von Linderhof unweit der österreichischen Grenze standen.

Nicht weit davon, in den Tiefen des Ammerwaldes, ließ Ludwig II. noch in seinen letzten Lebensjahren ein weiteres Bauprojekt beginnen: den Hubertuspavillon. Er sollte nach dem Vorbild der Amalienburg, des Rokoko-Schlösschens im Nymphenburger Park, gestaltet werden. Wie immer hatte der König noch während des Baus zahlreiche Änderungswünsche – Mauern mussten wieder eingerissen und Fundamente neu angelegt werden. So konnte das Gebäude bis zum Tod des Monarchen nicht mehr vollendet werden, der bereits vorhandene Rohbau wurde schließlich abgerissen. Die Region ist damit um eine Attraktion ärmer – doch Linderhof vermittelt auch so einen überwältigenden Eindruck davon, wie Ludwig II. sich seine »ideal-monarchisch-poetische Höhe und Einsamkeit« vorstellte.

The Palace Gardens

The Gardens at Linderhof are an artificial paradise nestling in the idyllic nature of the Ammer mountains, where Carl von Effner created one of the most beautiful nineteenth century parks. The renaissance and baroque geometric gardens at the heart of the Park are orientated towards the "Royal Villa". Either side of the palace, in front of the Audience and Dining Rooms are colourful ornamental borders and splashing fountains, paths between hedges and pergolas. In front of the bedroom windows, water pours from a pool by the music pavilion over an ornate cascade, into the Neptune fountain; on the other side of the palace, in view of the Hall of Mirrors, water rises in a 30-metre-high fountain, behind which is a terraced area with Venus Temple. At the bottom of the terraced garden is the 300-year-old "King's lime tree". Not far from the palace is the little Chapel to St. Anna, dating from 1684, the oldest building in the park.
The landscaped area of the park merges easily into the natural surroundings and is dotted with a Venus Grotto, cottages known as Hunding's Hut and the Gurnemanz Hermitage built in the style of stage sets from Wagner's operas. The Moorish Kiosk and Moroccan House give the impression of a fantastic backdrop and bring a touch of the Orient to Linderhof.

Le parc du château

Le parc de Linderhof est un paradis artificiel, intégré dans le paysage naturellement vallonné du « Ammergebirge ». Cet ensemble figure parmi les plus beaux jardins du XIX s. et fut crée par Carl von Effner. Au cœur du parc il avait installé un arrangement géométrique suivant le modèle renaissant ou baroque. Latéralement, devant la salle d'audience et la salle à manger, émane le charme des parterres multicolores et des fontaines murmurantes, des sentiers invitent à flâner entre les haies et les charmilles. L'axe nord-sud par contre est plus monumental : devant les fenêtres de la chambre à coucher s'écoule de l'eau, passant par des cascades et qui se jete dans la fontaine de Neptune. De l'autre côté du château, dans l'axe de la galerie des glaces, s'élance un jet d'eau de 30 mètres de hauteur, ayant comme fond un ensemble de terrasses qui culminent dans le temple de Vénus. Au pied de ces terrasses se trouve le « tilleul royal » âgé de plus de 300 ans. Non loin du château on aperçoit la plus vieille construction du parc, la petite chapelle de Ste. Anne, qui fut édifiée en 1684. Dans la partie paysagiste du parc, se situent la « Venusgrotte », la « Hundinghütte » et l'ermitage « Einsiedelei des Gurnemanz ». On les a édifié d'après des scènes d'opéras de Richard Wagner. Avec les pavillons mauresques « Maurischer Kiosk » et la « Marokkanisches Haus » l'ensemble de Linderhof reçoit un air exotique et fantastique.

Il parco del castello

Il parco di Linderhof è un paradiso artificiale, adagiato nel naturale idillio della catena montuosa di Ammer. Carl von Effner qui creò il più bel giardino del XIX secolo. Il cuore del parco sono i giardini geometrici in stile rinascimentale e barocco, allineati alla «villa reale». Ai lati del castello, aiuole ornamentali e gorgoglianti fontane, vie tra muri di siepi e pergolati invitano ad andare a passeggio. Più monumentale è l'asse nord-sud: davanti alle finestre della camera da letto si riversa acqua da un bacino davanti al gazebo della musica che attraverso una cascata scende giù nella fontana di Nettuno, mentre dall'altra parte del castello verso la sala degli specchi, da un bacino d'acqua sale uno zampillo di circa 30 metri di altezza – nel fondo una terrazza che culmina nel tempio di Venere. Ai piedi dei giardini terrazzati, si trova il «tiglio del re» di oltre 300 anni di età. Non lontano dal castello si vede la piccola cappella di S. Anna costruita nel 1684, la più antica costruzione nel parco. Nella parte paesaggistica del parco del castello, che passa senza giuntura ad un ambiente cresciuto naturalmente, si trovano la «grotta di Venere», la «capanna di Hunding», «l'eremo di Gurnemanz», costruiti secondo gli scenari delle opere di Wagner. Fantastiche quinte sono anche il «chiosco moresco» e la «casa marocchina» i quali portano un soffio d'oriente a Linderhof.

城の庭園

リンダーホーフ城の庭園は、アマー地方の牧歌的自然に囲まれた芸術の楽園です。この19世紀の最も美しい庭は、カール・フォン・エフナーによって造られました。

庭園の中心は、ルネサンスおよびバロック式の幾何学庭園です。謁見の間と食堂の前では、色鮮やかな花壇と噴水が見る者を魅惑し、生け垣と木のトンネルに囲まれた道が散歩へと誘います。寝室の窓からは、階段状の滝の上にある野外音楽堂前の水盤から出た水がネプチューンの泉に注ぐのが見られます。一方城の反対側、鏡の間からの眺めは、約30メートルの水が吹き出す噴水とテラス、そしてその上に聳えるビーナスの神殿です。テラスの庭の下には，樹齢300年以上にもなる「王の菩提樹」が立っています。城に程近く、1684年に建てられた、この庭園最古の建築物、小さな聖アンナ礼拝堂があります。

自然庭園には、「ビーナスの洞窟」「フンディンクの小屋」「グルネマンツの庵」があります。これらはリヒャルト・ワーグナーのオペラの舞台を真似たものです。リンダーホーフにいくばくか東洋の風情を与えている「ムーア人のあずまや」と「モロッコ人の家」も、幻想的な舞台装置のようです。

Steinerne Venus vor der Südfassade des Schlosses
Stone Venus in front of the south façade of the palace
Vénus en pierre devant la façade sud du château
Venere di pietra davanti alla facciata sud del castello
南側ファサード前にあるビーナスの石像

← *Königliches Paradies: Wasserbassin und Terrassengärten*
Royal paradise: terraced garden and Temple of Venus
Paradis royal : jardins en terrasse et temple de Vénus
Paradiso reale: giardini terrazzati e tempio di Venere
王の楽園：テラスの庭とヴィーナスの神殿

Venustempel: Ersatzlösung für ein geplantes Theater
Inside the Temple of Venus
Dans le temple de Vénus
Nel tempio di Venere
ヴィーナスの神殿内

Östliches Parterre: Holzlaube mit Büste Ludwigs XVI.
Ground floor to the east: pergola with bust of Louis XVI
Rez-de-chaussée oriental : tonnelle en bois avec buste de Louis XVI
Pianterreno orientale: pergolato di legno con busto di Ludwig XVI
東側花壇：木造のあずまやの中のルイ１６世の胸像

Büste der Königin Marie-Antoinette von Frankreich
Bust of Queen Marie-Antoinette of France
Buste de la reine Marie-Antoinette de France
Busto della regina Maria Antonietta di Francia
フランス王妃マリー・アントワネットの胸像

Najaden-Brunnen aus Zinkguss in der Terrassenanlage
Cast zinc Naiad Fountain in the terraced area
Fontaine de Naïade en fonte de zinc dans l'ensemble de terrasses
Fontana delle Naiadi di zinco fuso nella terrazza
テラスにある亜鉛の鋳物、妖精ナイアスの噴水

Wasserspiele: Najade unter der Brunnenschale
Water games: Nymphs under the fountain bowl
Jeux d'eau : Naïade en dessous de la fontaine
Giochi d'acqua: Naiade sotto al piatto della fontana
噴水の水盤の下の妖精ナイアス

Brunnenkunst, entworfen von M. Wagmüller
Fountain designed by M. Wagmüller
L'art de fontaines, dessiné par M. Wagmüller
Fontana artistica, progettata da M. Wagmüller
M. ヴァークミュラー設計の噴水

Wassernymphe, im Jahre 1876 in München gegossen
Water nymph cast in Munich in 1876
Coulées en 1876 à Munich : nymph d'eau
Fuse a Monaco nell'anno 1876 : ninf d'acqua
1876年にミュンヘンで鋳造された水の精たち

← *Malerische Gartenlaube: der hölzerne Musikpavillon*
Picturesque summer house: the wooden Music Pavilion
Charmille pittoresque : le pavillon de musique en bois
Pergolato pittoresco: il ligneo padiglione della musica
絵のような庭のあずまや：木造の野外音楽堂

Blick in die Kuppel des Musikpavillons
View of the Music Pavilion dome
Vue dans la coupole du pavillon de musique
Veduta della cupola del padiglione della musica
野外音楽堂の丸屋根

Kaskade am Nordhang mit Neptunbrunnen
Waterfall on the north slope with Neptune fountain
Cascade au versant nord et la fontaine de Neptune
Cascata nel versante settentrionale con fontana di Nettuno
城北側斜面の人工滝とネプチューンの泉

St.-Anna-Kapelle: »Heiliger Richard von England«
"Saint Richard of England" in the St. Anna chapel
Chapelle de Ste. Anne : « St. Richard d'Angleterre »
Cappella di S. Anna: «S. Riccardo d'Inghilterra»
聖アンナ礼拝堂「英国の聖リチャード」

»Heiliger Ludwig IX. von Frankreich«
"Saint Louis IX of France"
« St. Louis IX de France »
«S. Ludwig IX di Francia»
ガラス窓「フランスの聖ルイ９世」

Ältester Bau im Park: die 1684 errichtete St.-Anna-Kapelle
The Chapel of St. Anna, dating from 1684, the oldest building in the park
Chapelle de Ste. Anne, édifiée en 1684 : la plus ancienne construction du parc
La più antica costruzione nel parco: la cappella di S. Anna costruita nel 1684
1684 年に建てられた庭園最古の聖アンナ礼拝堂

Orientalische Exotik: das Marokkanische Haus
The Moroccan House, oriental and exotic
Exotisme oriental : la maison marocaine
Esotismo orientale: la casa marocchina
異国情緒あふれるモロッコ人の家

Innenansicht des Marokkanischen Hauses
Interior view of the Moroccan House
Vue intérieure de la maison marocaine
Veduta dell'interno della casa marocchina
モロッコ人の家の内部 ➜

Marokkanisches Haus

Eigentlich hätte es eine kleine orientalische Schlossanlage werden sollen, eine »Kubba mit Hof«, in der Nähe von Hundinghütte und Einsiedelei des Gurnemanz südwestlich von Linderhof. Die Pläne des Architekten Georg Dollmann waren schon fertig, als sich Ludwig II. dazu gezwungen sah, eine kostengünstigere Möglichkeit zu finden. Dollmann wurde vom König beauftragt, im September 1878 auf der Weltausstellung in Paris nach einem geeigneten Ersatz zu suchen – und wurde mit einem kleinen, in Marokko gefertigten Haus fündig. Im November desselben Jahres in Paris zerlegt und abtransportiert, wurde es noch im Dezember auf der Stockalpe aufgebaut. Natürlich gab sich Ludwig nicht mit dem Aussehen zufrieden, das er vorfand: Bis Ende des Jahres 1879 ließ er das »Marokkanische Haus« nicht nur neu möblieren, sondern auch innen und außen nach seinen Vorstellungen umgestalten. An Gold und kostbaren Stoffen wurde nicht gespart – alles wurde prunkvoller und farbenprächtiger. 1891, fünf Jahre nach Ludwigs Tod, wurde das Haus verkauft und in Oberammergau aufgestellt. Fast 90 Jahre später konnte das kleine Gebäude für Linderhof zurückerworben und später an seinem heutigen Standort unweit des Parkeingangs wieder aufgebaut werden.

The Moroccan House

In actual fact it was supposed to have been a small oriental palace and garden. The architect Georg Dollman had finished his plan when Ludwig suddenly felt bound to seek a more reasonably priced alternative. Dollman was commissioned to look for a suitable replacement at the World Exhibition in Paris in 1878; he found a small house which had been built in Morocco and it was transported the same year and set up in the alps (Stockalpe). Ludwig had the "Moroccan House" redesigned and furnished according to his own ideas, without economising on gold and precious materials. After the king's death the house was sold and put up in Oberammergau, but nearly 90 years later, it was purchased back and rebuilt in its present place.

La maison marocaine

Originalement le château était conçu comme ensemble oriental. Les plans de l'architecte Georg Dollmann étaient achevés, quand Louis II se voyait obligé de réduire les frais et de trouver une solution plus simple. On chargeait Dollmann de chercher lors de l'exposition mondiale en 1878 à Paris un remplacement adéquat.

La petite maison marocaine qu'il découvrit fut transportée à la « Stockalpe » où elle fut édifiée dans la même année. Louis II faisait transformer et équiper la « maison marocaine » suivant ses idées. On ne se privait pas de tissus précieux et de travailler l'or.

Après la mort de Louis II la maison fut vendue et élevée à Oberammergau. Presque 90 années plus tard on l'a racheté et reconstruite à son emplacement original.

Casa marocchina

In realtà sarebbe dovuto diventare un piccolo castello orientale. I progetti dell'architetto Georg Dollmann erano già pronti, quando Ludwig II si vide costretto a trovare una possibilità più a basso costo. Dollmann venne incaricato, di cercare nel 1878 alla mostra mondiale a Parigi una sostituzione idonea – e trovò una piccola casa prefabbricata costruita in Marocco, la quale, nell'anno stesso, venne trasportata via e ricostruita sulla Stockalpe. Ludwig fece trasformare ed ammobiliare l'interno e l'esterno della «casa marocchina» secondo la sua immaginazione. Su oro e stoffe preziose non fu risparmiato.

Dopo la morte del re, la casa fu venduta e collocata ad Oberammergau. Quasi 90 anni dopo fu riacquistata e di nuovo ricostruita nella sua attuale ubicazione.

モロッコ人の家

ルードヴィッヒは小さな東洋風の城館を造るつもりでいたのですが、建設費を押さえる必要のあることに気づいたとき、すでに建築家ゲオルク・ドルマンは計画を立て終わっていました。こうしてドルマンは1878年のパリの万国博覧会で代わりのものを捜すよう命じられ、モロッコで造られた小さい家を見つけます。同年この建物は移送され、シュトックアルペに建てられました。ルードヴィッヒ2世は「モロッコ人の家」の内外を自分の思うように改装させ、調度を整えさせます。黄金と高価な織物には金を惜しみませんでした。しかし王の死後この家は売却され、オーバーアマガウに移築されます。90年ほど後になってようやく買い戻されて、今日の場所に立て直されたのです。

Wanddetail (oben) – Farbglasfenster (unten)
Detail of a wall (above) – coloured glass window (below)
Détail mural (en haut) – Vitraux multicolores (en bas)
Dettaglio della parete (sopra) – vetrata colorata (sotto)
壁（上） – ステンドグラス （下）

Bunte Pracht (oben) – Lichthofverglasung (unten)
Multi-coloured splendour (above) – atrium glazing (below)
Splendeur multicolore (en haut) – Vitrage du patio (en bas)
Colorato splendore (sopra) – vetrata del cortile a lucernario (sotto)
華麗な色彩（上） – 光庭のガラス（下）

Atmosphärisch: Farbenspiel auf dem Mosaikplattenboden
Colours play on the mosaic floor tiles
Ambiance : jeu de couleurs sur le sol en mosaïques
Pieno di atmosfera: gioco di colori sul pavimento lastricato di mosaico
微妙な色合いの寄せ木張りの床

Bühnenbildromantik: Venusgrotte mit Muschelkahn
Romantic stage set: Venus Grotto with shell boat
Romantisme de théâtre : la grotte de Vénus et barque en forme de coquillage
Scenario romantico: grotta di Venere con barca a forma di conchiglia
ロマンチックな舞台装置：ヴィーナスの洞窟の貝の小船

Venusgrotte

»Ich will nicht wissen, wie es gemacht wird, ich will nur die Wirkung sehen« – die 1876/77 entstandene Venusgrotte ist der Höhepunkt der illusionistischen Bühnenbildarchitekturen Ludwigs II. Zur Ausstattung gehörte eine hochmoderne Effekt-Maschinerie: Mehrfarbige Beleuchtung mit Bogenlampen, die aus 24 Dynamomaschinen gespeist wurden, eine Wellenmaschine, ein künstlicher Wasserfall und eine Regenbogenmaschine sorgten für eine romantische Atmosphäre.
Ein großformatiges Gemälde an der Felsenwand zeigt, woher der König die Inspiration für die künstliche Grottenanlage bezog: Im Inneren des Hörselberges liegt Tannhäuser zu Füßen seiner Geliebten, der verführerisch entblößten Venus – die erste Szene aus Richard Wagners Oper »Tannhäuser«. Als Vorbild diente außerdem die erst 1826 auf der Insel Capri entdeckte »Blaue Grotte«. Auf den »richtigen« Blauton von Wänden und Beleuchtung legte Ludwig II. allergrößten Wert – mehrere missglückte Farbgebungsversuche ließen einige verantwortliche Mitarbeiter in Ungnade fallen. Auch die Entwürfe zum 27000 Mark teuren Muschelkahn, mit dem sich der König über den beheizbaren See rudern ließ, fanden erst nach einer Reihe von Änderungen seine Zustimmung.

The Venus Grotto

The culmination of Ludwig's illusionist stage-set architecture is the Venus Grotto dating from 1876/77. It was equipped with brand new machinery for special effects: multicoloured lighting with arc lamps which were fed by twenty-four dynamos, a wave machine, an artificial waterfall and a rainbow machine – all provided for a romantic atmosphere. The King would let himself be rowed over the heatable lake in a shell-shaped boat.
The model for this was the Blue Grotto on the island of Capri. Ludwig II was very fussy about getting the blue colour of the walls and the lighting just right. A painting on the rock wall shows Tannhäuser at the feet of his beloved, seductively bare Venus, from the first scene of Wagner's opera "Tannhäuser".

La grotte de Vénus

En 1876/77 les tableaux de scène illusionnistes de Louis II trouvent leur apogée dans la conception de la grotte de Vénus. On y trouve un ensemble d'appareillages curieux : un éclairage polychrome, alimenté par 24 dynamos, une machine à produire des vagues, une cascade artificielle et une machine à projeter un arc en ciel. Dans cette mise en scène romantique, Louis II se faisait ramer sur le lac chauffé.
La grotte bleue sur l'île de Capri figurait comme modèle pour cet ensemble. Il attachait donc beaucoup de valeur à la couleur bleue adéquate projetée sur les murs.
Un tableau sur les murs rochers montre « Tannhäuser » aux pieds de sa bien-aimée, la séduisante Vénus – ceci étant la première scène de l'opéra du même nom de Richard Wagner.

Grotta di Venere

La grotta di Venere sorta tra il 1876 ed il 1877 costituisce il punto culminante degli scenari illusionistici di architettura di Ludwig II. Un macchinario ad effetto altamente moderno faceva parte dell'allestimento: un'illuminazione di più colori con lampade ad arco, una macchina ondulatoria, una cascata artificiale ed una macchina arcobaleno creavano una atmosfera romantica. Nella barca a forma di conchiglia, il re si lasciava trasportare sul lago riscaldabile.
Il modello per la sua realizzazione fu la «grotta azzurra» dell'isola di Capri. Un dipinto sulla parete di roccia mostra Tannhäuser ai piedi della sua amata, della seducente Venere desnuda – la prima scena dell'opera «Tannhäuser» di Wagner.

ヴィーナスの洞窟

1876年から77年にかけて造られたヴィーナスの洞窟は、ルードヴィッヒ2世の夢想的な舞台建築の頂点です。この建物には非常に近代的な効果用の仕掛けがあり、24台の発電機から送電されるアーク灯の多色照明、波を作る装置、人工の滝、虹の装置などがロマンチックな雰囲気を醸し出しました。王は「貝の小船」に乗って、暖房も可能な洞窟内の湖上を渡ったのです。
この洞窟の手本は、カプリ島にある「青の洞窟」です。壁と照明の青の「真の」色調に、ルードヴィッヒ2世は最もこだわりました。岩壁の絵の一つは、リヒャルト・ワーグナーのオペラ『タンホイザー』の第一場、肌を露にした恋人ヴィーナスとその足元のタンホイザーです。

Ruheplatz Ludwigs II.: Blick zum »Königssitz«
Ludwig II's resting place: view of the "King's Seat"
Place de repos de Louis II : Vue vers le « siège royal »
Luogo di riposo di Ludwig II: veduta del «sedile reale»
ルードヴィッヒ２世の休息の場：「王の座席」

Künstliche Blumen vor See und Tannhäuser-Gemälde
Artificial flowers in front of lake and Tannhäuser picture
Fleurs artificielles devant le lac et le tableau de Tannhäuser
Fiori artificiali davanti ad un lago e dipinto di Tannhäuser
湖の前の人工の花とタンホイザーの絵

Fata Morgana auf der Bergwiese: der Maurische Kiosk
Like a mirage on the mountain pasture, the Moorish Kiosk
Mirage sur l'alpage : le pavillon maure
Come un miraggio sul prato di montagna: il chiosco moresco
山の牧草地の蜃気楼：ムーア人のあずまや ➜

Maurischer Kiosk

Als Ludwig II. 1867 die Pariser Weltausstellung besuchte, fiel ihm dort das Werk eines preußischen Architekten auf: der »Maurische Kiosk«. Der König wollte den Bau gerne kaufen, aber der Eisenbahnbauunternehmer Barthel Heinrich Straußberg kam ihm zuvor. Und so stand das Gebäude zunächst im Park von Schloss Zbirow in Böhmen – bis Straußberg bankrott ging. 1876 konnte Ludwig den Kiosk von den Gläubigern erwerben. Er ließ ihn nach Plänen seines Architekten Dollmann umbauen und teilweise neu ausstatten. Seitdem steht der Maurische Kiosk in einer kleinen Terrassenanlage nordöstlich des Schlosses im landschaftlich gestalteten Park. Zusammen mit passenden exotischen Pflanzen verbreitet er hier überraschend fremdländisches Flair. Spätestens beim Blick in das Innere fühlt man sich in ein Märchen aus »Tausendundeiner Nacht« versetzt: Durch die Buntglasfenster fällt farbiges Licht in den Raum, in dessen Mitte ein weißer Marmorbrunnen mit einem Aufbau aus Zinkguss steht. Dahinter sieht man in einer extra angebauten Nische den prächtigen Pfauenthron, entworfen von Hoftheaterdirektor Franz Seitz. Dort konnte sich der König seiner Lektüre widmen und vom Dasein eines persischen Herrschers träumen.

The Moorish Kiosk

When Ludwig II visited the World Exhibition in Paris in 1867 he noticed the "Moorish Kiosk" but he was not able to acquire this pavilion until 1876. It was rebuilt according to the plans of Dollmann, his architect, and partially newly furnished. Ever since then, the Moorish Kiosk has stood in a small terraced area north east of the palace in the landscaped park, and radiates a surprisingly foreign flair with its fitting exotic plants. Coloured light shines through the multicoloured glass window into the room, in the middle of which stands a white marble fountain with a construction of cast zinc. Behind it, in a specially built niche, is the grand peacock throne designed by the director of the court theatre, Franz Seitz.

Chiosco moresco

Quando Ludwig II visitò la mostra mondiale parigina, lo colpì il «chiosco moresco», ma soltanto nel 1876 riuscì ad acquistarlo. Egli lo fece ristrutturare secondo i progetti del suo architetto Dollmann e parzialmente riarredare.
Il chiosco moresco da allora si trova in una piccola terrazza a nord-est del castello nel parco paesaggistico creato artificialmente. Insieme ad adeguate piante esotiche esso diffonde qui una sorprendente nota di terra straniera. Attraverso i vetri colorati delle finestre penetra luce colorata nella stanza, nel cui centro si trova una fontana di marmo bianco con una costruzione di zinco fuso. Al di dietro in una nicchia aggiunta appositamente, si vede lo splendido trono del pavone, progettato dal direttore teatrale di corte Franz Seitz.

Le kiosque mauresque

Ce fut lors de sa visite de l'exposition mondiale à Paris en 1867, que Louis II remarqua le petit pavillon mauresque.
Mais il ne put l'acquérir qu'en 1876.
Il le laissait transformer suivant les plans de son architecte Dollmann et le fit édifier au nord-est du château dans l'ensemble de terrasses incorporées dans le paysage naturel des environs.
Parmi de plantes exotiques il répand une atmosphère curieusement étrangère.
La lumière pénétrant par les vitraux multicolores éclaire la fontaine en marbre blanc et en fonte de zinc, qui se trouve au milieu de l'espace. Dans une niche à l'arrière on aperçoit le trône de paon majestueux, conçu par le directeur du théâtre de la cour Franz Seitz.

ムーア人のあずまや

ルードヴィッヒ2世が1867年にパリの万国博覧会を訪れたとき、彼の気に召したのが「ムーア人のあずまや」です。しかしこのパビリオンが手に入ったのは、1876年になってからでした。建築家ドルマンの計画に従って建物は改築され、また部分的には新しい設備も取り入れられました。以来このムーア人のあずまやは、城の北側の小さいテラスの上に立っており、建物にふさわしいエキゾチックな植物とともに、異国めいた雰囲気を漂わせています。部屋にはステンドグラスの窓を通して、鮮やかな陽光が差し込み、中央には上部が亜鉛の鋳物でできた白い大理石の噴水があります。背後のへきがんには、宮廷劇場監督フランツ・ザイツがデザインした豪華な孔雀の玉座が見られます。

Außenverkleidung: Detail einer Zinkguss-platte
Outer panelling: detail of a cast zink slab
Revêtement extérieur : détail d'une planche en fonte de zinc
Rivestimento esterno: dettaglio di un ripiano di zinco fuso
外壁の亜鉛版

Farbig gefasster Zinkguss
Coloured cast zinc
Fonte de zinc avec ourlet coloré
Incastonatura colorata di zinco fuso
彩色された亜鉛の鋳物

Unter Palmen: Eingangsseite des Maurischen Kiosks
Entrance to the Moorish Kiosk beneath palm trees
Sous des palmiers : Entrée du kiosque mauresque
Sotto le palme: lato dell'entrata del chiosco moresco
椰子の木の下：ムーア人のあずまやの入口側

Kostbare Ausstattung: Innenansicht Pfauenthron
Interior peacock throne
Equipement précieux : vue intérieure trône de paon
Arredamento prezioso: veduta dell'interno trono del pavone
贅沢な調度：噴水のある室内 ➔

→
Königlicher Lieblingsvogel: Detail des Pfauenthrons
The king's favourite bird: detail of the peacock throne
Oiseau royal préféré : détail du trône de paon
Uccello reale prediletto: dettaglio del trono del pavone
王の愛した鳥、孔雀の玉座

Lichtzauber: Laterne und Buntglasfenster
The magic light of lanterns and coloured glass windows
Magie de lumières : lanterne et vitraux
Luce magica: lanterna e vetrata colorata
光の魔法：ステンドグラスの窓

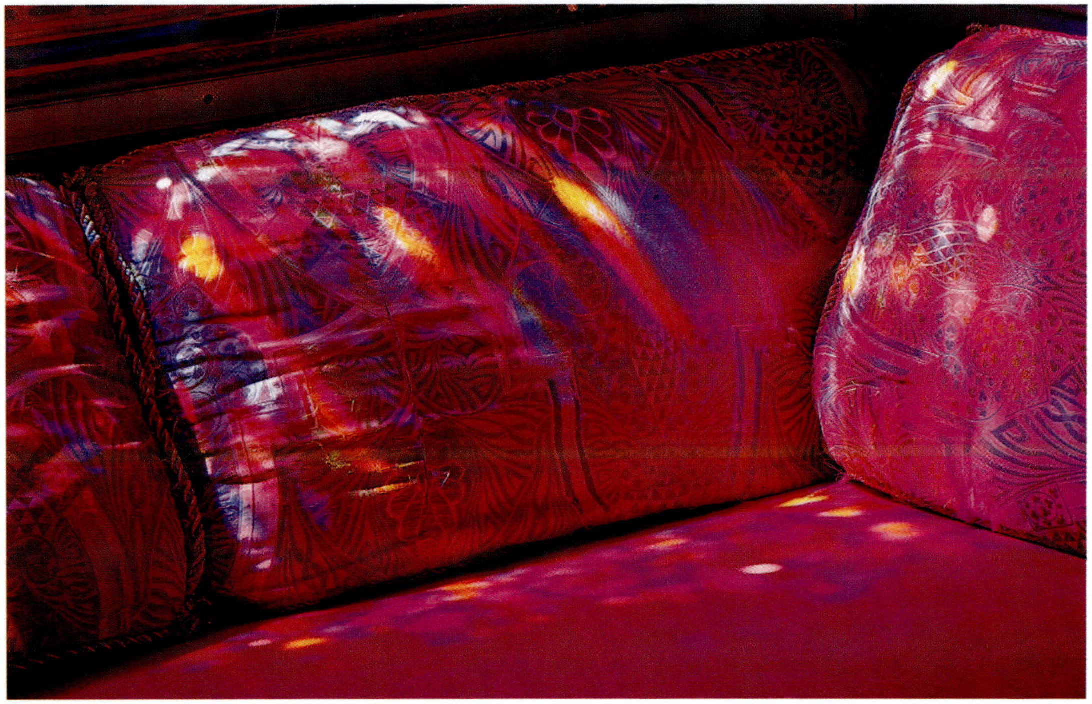

Polster des Pfauenthrons im bunten Licht
Peacock throne cushions in coloured light
Coussins du trône de paon en lumière multicolore
Imbottitura del trono del pavone sotto la luce colorata
色とりどりの光の中の孔雀の玉座

Urige Kulisse: Innenansicht der Hundinghütte
Earthy scene: interior view of the Hunding Hut
Coulisse originale : vue intérieure de la « Hundinghütte »
Originale quinta: veduta dell'interno della capanna di Hunding
風変わりな舞台装置：フンディンクの小屋内部

Das einsame Bergschloss des »Märchenkönigs« am Schachen
The Fairy King's isolated mountain castle at Schachen
Le château de montagne isolé au « Schachen »
Il solitario castello di montagna del «re delle fiabe» sullo Schachen
シャッヘンにある「メルヘン王」の人里離れた山城 ➜

Hundinghütte und Einsiedelei des Gurnemanz

Im August 1876 gab Ludwig II. den Auftrag zum Bau der Hundinghütte: »Seine Majestät beabsichtigen im Walde nächst dem Linderhof ein Gemach, aus ganz roh gezimmertem Holz, gleich der Dekoration des I. Aktes in Walküre ausführen zu lassen . . .« Gerade erst hatte er bei den ersten Bayreuther Festspielen die »Walküre« aus Richard Wagners Opern-Zyklus »Der Ring des Nibelungen« gesehen. Grundlegend für die Ausgestaltung der Hundinghütte wurde allerdings das Bühnenbild zur Uraufführung der Oper 1870 in München. Nachdem die Hütte 1945 abgebrannt war, wurde sie bis 1990 im Wald am südöstlichen Ende des Parks rekonstruiert. Erst vor wenigen Jahren konnte unweit der Hütte auch die »Einsiedelei des Gurnemanz« neu errichtet werden. Das Original nach einem Bühnenbild aus Wagners Oper »Parsifal« stand früher, wie die Hundinghütte, im Ammerwald am Fuße der Kreuzspitze.

The Hunding Hut and the Gurnemanz Hermitage

In August 1876 Ludwig II commissioned the building of the lodge known as the Hunding Hut. He had seen the "Walküre" from Wagner's "Ring of the Nibelungen" at Bayreuth. However, the stage set of the Munich premiere in 1870 was fundamental to the design of the Hunding Hut. Luise von Kobell described Ludwig's stay in the simple log cabin thus: "From time to time he would sit there alone for hours, engrossed in his reading, in sharp contrast to the earthy nature that surrounded him." The Hermitage of Gurnemanz from "Parsifal", like the Hunding Hut, used to stand in the Ammer Forest at the Kreuzspitze.

La « Hundinghütte » et l'ermitage de « Gurnemanz »

Après avoir vu l'opéra « Walküre » de Richard Wagner, extraite du cycle des « Nibelungen » au festival de Bayreuth, il donna l'ordre de construire la « Hundinghütte » en 1876.

Mais pour l'aménagement intérieur il s'inspirait plutôt de la mise en scène de la première à Munich en 1870.

Luise von Kobell décrit les séjours dans le refuge rustique en bois : « Il y restait pendant des heures, plongé dans sa lecture, dont le contenu était certainement en contraste par rapport à l'environnement original ».

«L'ermitage de Gurnemanz » d'après une scène de l'opéra « Parcifal » de Wagner, se trouvait d'abord, tout comme la « Hundinghütte », dans les bois au pied de la « Kreuzspitze ».

Capanna di Hunding ed eremo di Gurnemanz

Nell'agosto 1876 Ludwig II dette l'incarico della costruzione della capanna di Hunding. Precedentemente aveva visto al primo festival di Bayreuth le «Valkirie» dal ciclo di opere di Richard Wagner «l'anello del Nibelungo». Fondamentale per l'allestimento della capanna di Hunding fu però la scenografia della prima rappresentazione dell'opera nel 1870 a Monaco.

L'«eremo di Gurnemanz», secondo la scenografia dell'opera di Richard Wagner «Parsifal», si trovava precedentemente, come la capanna di Hunding, nella foresta di Ammer ai piedi del Kreuzspitze.

フンディンクの小屋とグルネマンツの庵

1876年8月、王はフンディンクの小屋の建築を依頼します。彼は第一回バイロイト音楽祭でワーグナーのオペラ『ワルキューレ』を観ていたのですが、フンディンクの小屋は、1870年このオペラがミュンヘンで初演された際の舞台装置に基本構想を得たものです。ルイーゼ・フォン・コベルは、この素朴な丸太小屋の王についてこう書いています。「王は時折、この小屋に何時間も一人座し、読書に没頭していた。本の内容は、この建物の荒々しい雰囲気とはまるで相容れないものだった。」

「グルネマンツの庵」も、ワーグナーの『パルジファル』の舞台装置を真似たもので、かつてはフンディンクの小屋同様、クロイツシュピッツェの麓のアマーの森の中にありました。

Das Königshaus am Schachen

Die Stille und Abgeschiedenheit der Berge – wo kann sie der Einzelgänger Ludwig II. besser erleben als in seinen abgelegenen Berghütten? Bereits im Jahre 1864 erwirbt der frisch gekrönte König neunzehn Pirschhäuser und Jagdhütten seines Vaters, um einige davon auszubauen und neu einzurichten. Für die Jagd kann sich Ludwig II. nicht begeistern, stattdessen werden die Hütten schon früh zu einsamen Zufluchtsorten und heimlichen Residenzen. Hierhin reitet der junge König, so oft er nur kann – in der Öffentlichkeit ruft das große Skepsis hervor. In einem Zeitungsartikel der »Augsburger Allgemeinen Zeitung« aus dem Jahre 1865 versucht man zu beschwichtigen: »Während der letztverflossenen heißen Tage hat Se. Majestät der König von Schloss Berg aus zu Pferd einen Abstecher nach dem Hochgebirge unternommen, von welchem er gestern zurückgekehrt ist. Der König übernachtete in der reizend gelegenen Jagdhütte, welche sein höchstseliger Vater auf dem ›Hochkopf‹ zwischen der Vorder-Riß und dem Walchensee hatte anbringen lassen und öfters bezog. Man hört hie und da die Befürchtung äußern, dass die manchmal lang währenden Reitausflüge der Gesundheit des Königs schaden könnten; allein zuverlässige Erkundigungen setzen uns in den Stand zu versichern, dass das Gegenteil der Fall ist, wofür schon das kräftige und blühende Aussehen des Monarchen zeugt.«

Nachdem Ludwig II. zunächst die näher an München gelegenen Hütten bevorzugt, flüchtet er sich später möglichst weit weg von der Hauptstadt – und lässt auf einem Bergsporn hoch über Garmisch-Partenkirchen sein berühmtestes Berghaus bauen: das Königshaus am Schachen. Seine malerische Lage in 1866 Metern Höhe, am Teufelsg'saß bei der Schachenalpe, überragt von den Gipfeln des Wettersteinmassivs, ist einmalig. Es ist eines der wenigen Projekte, die der König an einem Ort realisieren lässt, der nicht bereits von seinem Vater bebaut oder genutzt worden war. Typisch wiederum ist, dass es nicht in einem Zuge errichtet wird: Bis Anfang Oktober 1870 entsteht das »Koenigliche Jagdhaus auf der Schachen-Alpe« zunächst als relativ schlichtes »Schweizerhaus«. Dessen Aussehen ist noch heute im Erdgeschoss erkennbar. Hier befinden sich der Salon, das Arbeits- und das Schlafzimmer des Königs sowie ein Lakaien- und ein Fremdenzimmer. Mit dem Obergeschoss in seiner ursprünglichen Form ist Ludwig nicht zufrieden: Bereits kurz nach der Fertigstellung wünscht er sich eine Abänderung des dort befindlichen »türkischen Zimmers«, da es »gegenwärtig keinem solchen ähnlich sehe …«. Aus der Veränderung wird schließlich bis 1872 eine gewaltige Erweiterung in Form eines aufgesetzten Saalbaues. Der enthält nun den wesentlich größeren und prächtigeren »Türkischen Saal«. So märchenhaft unwirklich dieser Raum auch wirkt: Als Vorlage diente die Ansicht eines tatsächlich existierenden Raumes in einem Sultanspalast in Istanbul. Nun endlich sieht sich der König inmitten der bayerischen Alpen wunschgemäß in den fernen Orient versetzt – und das Königshaus wird zu einem seiner beliebtesten Aufenthaltsorte: Noch im Jahre 1872 hält sich Ludwig drei Mal dort auf. Später feiert der mittlerweile noch scheuere Monarch hier Jahr für Jahr seinen Geburtstag, der zugleich auch sein Namenstag ist: »In stillem Gebirgshause auf steiler Höhe, von Schnee und dichtem Nebel umhüllt, aber froh, dem Weltgetriebe entrückt zu sein …«, wie er 1881 von seinem ›Bergschloss‹ aus in einem Brief an Richard Wagner schreibt. Im Unterschied zu seinen Jugendtagen reitet der gesundheitlich angeschlagene König nicht mehr auf dem Rücken eines seiner Lieblingspferde dorthin, sondern fährt in einem zweirädrigen Bergwagen, der von einem Pony gezogen wird.

Der heutige Besucher kann das Königshaus nur aus eigener Kraft erreichen: Entweder bequemer von Elmau aus über den »Königsweg«, den Ludwig II. anlegen ließ, oder mühevoller auf dem »Kälbersteig«, der sich von Partenkirchen aus hinter der Partnachklamm steil und stufenreich den Berg hinauf windet. Wer sich diesen Anstrengungen unterzieht, sollte zunächst vom Königshaus und dem benachbarten Aussichtspavillon aus den unvergleichlichen Blick in die Gebirgslandschaft genießen, um dann in das rustikal-exotische Ambiente des Königshauses einzutauchen – ein Privileg, das zu Ludwigs Zeiten nur wenigen vergönnt war. Im Jahr 1873 gewährt der König dem Dichter und Professor Felix Dahn eine denkwürdige Audienz im »Türkischen Saal«. Das Thema des Gesprächs: Bayern und seine politischen Beziehungen zu Preußen. Ludwig II. erweist sich als kluger und gut unterrichteter, aber auch leidenschaftlich verbitterter Gesprächspartner. Nach dem ergebnislosen Ende der Unterredung macht der König dem überraschten Dahn ein ungewöhnliches Angebot: Er lädt den Dichter ein, die anbrechende Nacht als sein Gast im Königshaus zu verbringen. Als Felix Dahn seine eigentümliche Begegnung mit Ludwig II. veröffentlicht, ist der König bereits tot. Im Jahre 1885 hat er noch den vierzigsten, seinen letzten Geburtstag gefeiert – im Königshaus am Schachen.

The King's House at Schachen

Where else but in his mountain lodges was Ludwig II, the loner, able to experience the calm and seclusion of the mountains? When he took over his father's 19 hunting lodges in 1864, they very soon became his places of refuge and secret retreat. In 1870, he ordered his most famous mountain house to be built high up in the mountains above Garmisch-Partenkirchen, – the Royal house at Schachen, at an altitude of 1,866 metres, with the Wetterstein peaks towering above – is unique. It began as a simple "Swiss chalet", still recognisable today from the ground floor, where the salon, study and king's bedroom are situated, as well as a servants' room and a guest room. Soon the upper floor was completely rebuilt and extended and acquired the "Turkish Hall" modelled after a room in a sultan's palace. The Schachenhaus became one of Ludwig's favourite places and he used to celebrate his birthday there year after year. Nowadays, the royal house can only be reached on foot, either from Elmau via the King's Path (Königsweg), or over the Kälbersteig track, which winds steeply up from Partenkirchen. Before entering the rustic and yet exotic atmosphere of the royal mountain lodge, one should enjoy the incomparable view of the mountains.

La maison royale au « Schachen »

L'empereur recherchait le calme et l'isolement – le roi solitaire les trouvait dans des refuges montagneux. Très vite il se rendait aux 19 refuges de chasse isolés, appartenant à son père, et qu'il prenait en charge en1864.

C'est en 1870 qu'il construit la fameuse maison de montagne en hauteur de Garmisch-Partenkirchen : la maison royale de Schachen. Son emplacement pittoresque à 1866 m de hauteur est dominé par le massif du « Wetterstein ». La première conception est du type d'un chalet suisse. On retrouve quelques détails au rez-de-chaussée. Il y a le salon, la chambre à coucher et le bureau ainsi que la chambre du serviteur et une chambre d'amis.

L'étage par contre fut vite transformé et agrandi. Il y a maintenant un salon turque, dont une pièce du palais du sultan à Istanbul servait comme modèle. La maison du Schachen devient une des demeures préférées du roi. Chaque année il y célèbre son anniversaire.

Aujourd'hui on ne peut y arriver qu'à pied : où bien en partant de Elmau par le chemin royal, où en empruntant le « Kälbersteig », une grimpette raide qui démarre à Garmisch-Partenkirchen. Il est conseillé de contempler d'abord la vue splendide du panorama montagneux, avant de s'immerger dans l'ambiance rustique et exotique du châtelet royal.

La casa reale di Schachen

Il silenzio e l'isolamento delle montagne – dove il solitario Ludwig II può goderne meglio se non nei suoi isolati rifugi di montagna? Già presto le diciannove capanne di caccia di suo padre, le quali egli rileva nel 1864, diventano come solitari rifugi e segrete residenze. Nel 1870 egli fa costruire su uno sperone di montagna intorno a Garmisch-Partenkirchen, la sua casa di montagna più famosa: la casa reale di Schachen. La sua posizione pittoresca a 1866 metri di altezza, che sporge dalle vette del massiccio Wetterstein, è unica. All'inizio nasce come una semplice «casa svizzera», il cui aspetto è ancora oggi riconoscibile al pianterreno. Il piano superiore viene presto completamente trasformato ed ingrandito. Esso contiene ora la «sala turca» per la quale servì come modello un'area di un palazzo del sultano. La casa di Schachen è un luogo amato da Ludwig II; egli festeggia qui anno dopo anno il suo compleanno. Il visitatore odierno può raggiungere la casa reale soltanto a piedi: o partendo da Elmau per la «via reale», oppure per il «Kälbersteig», il quale, partendo da Partenkirchen, si snoda fin sopra la montagna ripido e con molti scalini. Sarebbe bene, prima di entrare nel castello, di godere della imparagonabile vista del paesaggio montano.

シャッヘンの王の館

人里離れた山小屋は、孤独を好んだルードヴィッヒ **2** 世が山の静寂を存分に味わえる場でした。**1864** 年に父王から相続した **19** の狩猟小屋は、早くから彼の隠れ家となりました。

1870 年、ルードヴィッヒはガルミッシュ・パルテンキルヒェンの上に聳える山に、シャッヘンの王の館を造ります。ヴェッターシュタイン山脈の頂の下、**1866** メートルの高さに立つこの建物を取り巻く風景の美しさは格別です。建造当初は比較的簡素な「スイスの家」で、当時の様子は、サロン、王の書斎と寝室、召し使い部屋、客間のある一階から伺えます。二階は間もなく改築され、現在ではイスタンブールのスルタンの宮殿を真似た「トルコの広間」があります。この館は王が最も好んだ滞在地のひとつで、毎年誕生日はここで祝いました。

今日この館を訪問する人は、歩いて行く他に手段がありません。エルマウから「王の道」を通るか、パルテンキルヒェンから階段が多く、険しく曲がりくねった「子牛の山道」を行くしかないのです。この城を取り巻く、野趣あるエキゾチックな雰囲気に浸る前に、まずは王の館と、隣接する展望用のあずまやからすばらしい山脈の眺めを味わうといいでしょう。

Schreibtisch im Arbeitszimmer des Königs
Desk in the King's study
Bureau du roi
Scrivania nello studio del re
王の書斎の書き物机

Das »Fremdenzimmer«
The Guest Room
Chambre d'amis
La «stanza degli ospiti»
「客間」

← *Rustikal und schlicht: Das Schlafzimmer Ludwigs II.*
The Bedroom of Ludwig II – rustic and simple
Rustique et simple : la chambre à coucher de Louis II
Rustica e semplice: la camera da letto di Ludwig II
簡素な田舎風：ルードヴィッヒ２世の寝室

Farbige Glasfenster im Türkischen Saal
Coloured glass windows in the Turkish Hall
Vitraux colorés dans le salon turque
Vetrate colorate nella sala turca
トルコの広間のステンドグラスの窓

Türkischer Saal

»Hier, zwischen den zwei Fenstern, saß in türkischer Tracht Ludwig II. lesend, während der Tross seiner Dienerschaft, als Moslems gekleidet, auf Teppichen und Kissen herumlagerte, Tabak rauchend und Mokka schlürfend, wie es der königliche Herr befohlen hatte, der dann häufig überlegen lächelnd die Blicke über den Rand des Buches hinweg auf die stilvolle Gruppe schweifen ließ. Dabei dufteten Räucherpfannen und wurden große Pfauenfächer durch die Luft geschwenkt, um die Illusion täuschender zu machen; eigentlich wurde nur der Tabaksqualm hin und her geweht …« So schildert die Schriftstellerin Luise von Kobell eine Szene im Hauptraum des Königshauses. Schon als Kind war Ludwig II. mit der Orient-Mode in Berührung gekommen. So gibt es im väterlichen Schloss Hohenschwangau ein »Orientzimmer«, das Schlafzimmer von Ludwigs Mutter Marie. Die Begeisterung für alles »Orientalische« war bei dem König spätestens nach dem Besuch der Pariser Weltausstellung 1867 entflammt. Hiervon zeugen Maurische Kioske im Wintergarten der Münchner Residenz, in den Parks von Schloss Berg und Linderhof ebenso wie der Plan für einen nie ausgeführten »Maurischen Saal« in Schloss Neuschwanstein.

The Turkish Hall

The writer Luise von Kobell described a scene from the King's House thus: "Ludwig II used to sit there, in Turkish costume, reading, while his servants, dressed as Muslims, lay around on rugs and cushions, smoking tobacco and sipping mocca coffee as their royal lord had commanded. Great peacock-feather fans would be wafted through the air creating an even more deceptive illusion; in actual fact they only served to blow the tobacco smoke back and forth …" King Ludwig's enthusiasm for everything "oriental" dated from no later than the Paris Exhibition of 1867, as witnessed by the Moorish Kiosks in the Winter Gardens of the Munich Residence Palace and the palace parks at Berg and Linderhof, as well as the plans for a Moorish Hall at Neuschwanstein, which were never actually carried out.

Sala turca

«Qui Ludwig II sedeva leggendo con l'abito tradizionale turco, mentre il seguito della servitù, vestito come musulmani su tappeti e cuscini sparsi attorno, fumava tabacco e sorbiva moca, come aveva ordinato sua maestà. Nello stesso tempo venivano sventolati grandi ventagli a coda di pavone attraverso l'aria, per rendere ingannevole l'illusione; in realtà soltanto il fumo del tabacco veniva sventolato qua e là …» Così la scrittrice Luise von Kobell descrive una scena della casa reale. L'entusiasmo per tutto ciò che era «orientale» da Ludwig II veniva più tardi acceso dalla mostra mondiale parigina del 1867. Da qui testimoniano il chiosco moresco nel giardino d'inverno della Residenza di Monaco, nei parchi dei castelli di Berg e Linderhof, così come il progetto per una mai eseguita «sala moresca» nel castello di Neuschwanstein.

Salon turque

« Vêtu en costume turque, le roi Louis II était assis sur des poufs et tapis, en train de lire, pendant que ses serviteurs, habillés en musulmans, fumaient du tabac et sirotaient du moka, comme leur maître royal l'avait ordonné. Afin de perfectionner l'illusion, on agitait de grands éventails en plumes de paon, mais en réalité on ne dissipait que la fumée du tabac … » Tel est décrite une scène typique par l'écrivain Luise von Kobell.

L'enthousiasme du roi pour l'orientalisme s'est enflammé par l'exposition mondiale de Paris en 1867. Les preuves sont les pavillons maures dans l'orangerie de la résidence de Munich, dans les parcs des châteaux de Berg et Linderhof et aussi le projet de la « salle mauresque » du château de Neuschwanstein, qui ne fut jamais réalisée.

トルコの広間

「ここにルードヴィッヒ **2** 世はトルコの衣装に身を包んで座り、イスラム風の服を着たお供を絨毯やクッション上に侍らせ、煙草を吸いモカを飲むよう命じた。幻想的な雰囲気を高めるために、大きな孔雀の扇で風が送られたが、実のところ、煙草の煙がかき回されただけだった」作家ルイーゼ・フォン・コベルはこう記しています。

王の東洋熱が高じたのは、遅くとも **1867** 年のパリ万博によってでした。ミュンヘンのレジデンツ内の冬の庭園やベルク城の庭園、リンダーホーフのムーア人のあずまや、さらに実現は見なかった、ノイシュヴァンシュタイン城の「ムーア人の広間」の計画は、この万博から生まれたのです。

←
Wie aus »1001 Nacht«: der Türkische Saal
The Turkish Hall, just like "1001 Nights"
Comme dans « 1001 nuits » : le salon turque
Come da «1001 notte»: la sala turca
『千一夜物語』を想わせるトルコの広間

Kunstvolle Trennwand zur Realität: Buntglasfenster
Coloured glass windows, elaborate partition
Séparation ornée de la réalité : les vitraux multicolores
Parete divisoria artistica con la realtà: vetrata colorata
現実世界から隔てる人工の壁：ステンドグラス

Detail eines Fensters im Vorraum
Detail of a window in the anteroom
Détail d'une fenêtre dans l'antichambre
Dettaglio di una finestra nell'anticamera
色鮮やかな控えの間の窓

Lichtreflexe: Dreiklang aus Gold, Blau und Rot
Triple-toned light reflection in gold, blue and red
Reflex lumineux : triple accord en or, bleu et rouge
Riflessi di luce: tre toni di oro, azzurro e rosso
金、青、赤の光の反射

→
Pfauenfedern im bunten Lichterspiel
Peacock feathers in coloured light
Jeux de lumières : plumes de paon
Penne del pavone nel gioco di luci colorate
光に照らされた孔雀の羽根

Halbmond eines Räuchergefäßes vor einem Glasfenster
Half-moon on a incense burner in front of a glass window
Demi lune d'un encensoir devant un vitrail
Mezzaluna di un turibolo davanti alla vetrata
窓の前に置かれた香入れの半月

Liebte die Bergeinsamkeit: König Ludwig II. von Bayern
King Ludwig II of Bavaria loved the seclusion of the mountains
Adorant la solitude de la montagne : le roi Louis II de Bavière
Amava la solitudine della montagna: re Ludwig II di Baviera
山中の孤独を愛したバイエルン王ルードヴィッヒ２世

Dank

Autor und Verlag danken der Bayerischen Verwaltung der staatlichen Schlösser, Gärten und Seen, dem Eigentümer von Schloss und Park Linderhof sowie des Königshauses am Schachen, für die freundliche Genehmigung zur Durchführung der Fotoarbeiten sowie zum Abdruck der dabei entstandenen Aufnahmen.

Das Titelfoto (Schloss Linderhof, Panorama mit Blick auf Terrassenanlage, südliches Parterre, Schloss und Musikpavillon) stammt von R. Herrmann. Der Verlag dankt der Bayerischen Verwaltung der staatlichen Schlösser, Gärten und Seen für die freundliche Genehmigung zum Abdruck.

Alle Abbildungen im Innenteil sowie die Abbildung auf der Einbandrückseite stammen von Klaus G. Förg.

Texte: Dr. Michael Rüffer, München
Übersetzungen:
Englisch: Suzanne Frank-Kilner, München
Französisch: Sonia Branchadell, München
Italienisch: Paola Posch, Rosenheim
Japanisch: Eriko Abe, München
Seitenlayout und Satz: VerlagsService Dr. Helmut Neuberger & Karl Schaumann GmbH, Heimstetten
Lithographie: Repro Ludwig, Zell am See
Druck und Bindung: Druckerei Ernst Uhl, Radolfzell
Printed in Germany

ISBN 3-475-53518-1